AF467348

INSPIRATION

DE LA

BIBLE

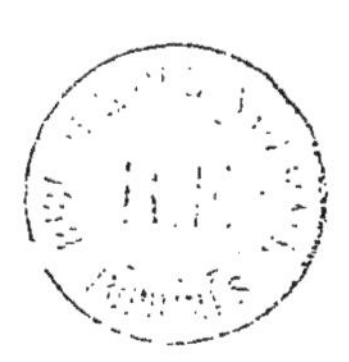

Ad usum privatum.

A l'usage d'épreuve.

TABLE DES ABREVIATIONS

des livres de l'Ancien et du Nouveau Testament

ANCIEN TESTAMENT

Genèse	*Gen.*	Ecclésiaste	*Eccle.*
Exode	*Ex.*	Cantique des cantiques	*Cant.*
Lévitique	*Levit.*	Sagesse	*Sap.*
Nombres	*Num.*	Ecclésiastique (Sagesse de Jésus, fils de Sirach)	*Eccli.*
Deutéronome	*Deut.*	Isaïe	*Is.*
Josué	*Jos.*	Jérémie	*Jer.*
Juges	*Jud.*	Lamentations (ou Thrènes)	*Lam.*
I Samuel	*I. Sam.*	Baruch	*Bar.*
II Samuel	*II. Sam.*	Ezéchiel	*Ez.*
I Rois	*I. Reg.*	Daniel	*Dan.*
II Rois	*II. Reg.*	Osée	*Os.*
I Chroniques	*I. Chron.*	Joel	*Jo.*
II Chroniques	*II. Chron.*	Amos	*Am.*
ou I Paralipomènes.	*I. Par.*	Abdias	*Abd.*
II Paralipomènes.	*II. Par.*	Jonas	*Jon.*
Esdras	*Esdr.*	Michée	*Mich.*
Néhémie	*Neh.*	Nahum	*Nah.*
Tobie	*Tob.*	Habacuc	*Hab.*
Judith	*Judith.*	Sophonie	*Soph.*
Esther	*Est.*	Aggée	*Agg.*
I Macchabées	*I. Macch.*	Zacharie	*Zach.*
II Macchabées	*II. Macch.*	Malachie	*Mal.*
Job	*Job.*		
Psaumes	*Ps.*		
Proverbes	*Prov.*		

NOUVEAU TESTAMENT

Evangile selon saint Matthieu	*Mat.*
Evangile selon saint Marc	*Mc.*
Evangile selon saint Luc	*Lc.*
Evangile selon saint Jean	*Joh.*
Actes des Apôtres	*Act.*
Epître aux Romains	*Rom.*
Ire Epître aux Corinthiens	*I. Cor.*
IIe Epître aux Corinthiens	*II. Cor.*
Epître aux Galates	*Gal.*
Epître aux Ephésiens	*Eph.*
Epître aux Philippiens	*Phil.*
Epître aux Colossiens	*Col.*
Ire Epître aux Thessaloniciens	*I. Thess.*
IIe Epître aux Thessaloniciens	*II. Thess.*
Ire Epître à Timothée	*I. Tim.*
IIe Epître à Timothée	*II. Tim.*
Epître à Tite	*Tit.*
Epître à Philémon	*Philem.*
Epître aux Hébreux	*Hebr.*
Epître de saint Jacques	*Jac.*
Ire Epître de saint Pierre	*I. Petr.*
IIe Epître de saint Pierre	*II. Petr.*
Ire Epître de saint Jean	*I. Joh.*
IIe Epître de saint Jean	*II. Joh.*
IIIe Epître de saint Jean	*III. Joh.*
Epître de saint Jude	*Jude.*
Apocalypse de saint Jean	*Apoc.*

INTRODUCTION

Tous les livres de la Bible sont inspirés.

Le titre du présent travail est une vérité de foi catholique définie au Concile général de Trente et répétée au Concile général du Vatican.

Etat de la question.

Il s'agit de la Bible telle qu'elle est reçue dans l'Eglise catholique, et non dans les autres confessions chrétiennes, le schisme oriental étant cependant excepté. Pour affirmer l'inspiration ou canonicité des livres de la Bible, l'Eglise ne s'appuie pas sur des révélations particulières qu'elle tiendrait d'en haut, mais sur des preuves accessibles à la raison de tout esprit cultivé : ce sont ces preuves qu'on va exposer dans ce travail.

L'Eglise est infaillible dans son enseignement religieux, surtout quand il est solennel, parce qu'alors il est précis, en dogme et en morale générale. Toutefois ce n'est pas à cause des preuves employées par elle que l'Eglise est infaillible, mais à cause de l'assistance que le Christ lui a promise dans son enseignement (*Mat.* XXVIII, 19-20). Cependant, comme l'Eglise a besoin de preuves pour définir, l'assistance du Christ fait qu'elle ne se sert que de preuves solides et d'une manière irréprochable. La nature et l'emploi de ces preuves vont faire la principale matière de la présente étude.

Sources des preuves de l'inspiration biblique.

Ces sources sont avant tout l'Ecriture ou Bible et la Tradition de l'Eglise, sources dans lesquelles est contenue toute la Révélation surnaturelle ou judéo-chrétienne. Ces deux sources, cela va sans dire, ne seront employées que comme données historiques, afin de ne pas prouver l'existence de l'inspiration biblique par la Bible considérée comme inspirée. A nos deux sources principales de preuves pourront s'ajouter d'autres données historiques appropriées, mais de moindre importance.

Notions sur la nature de l'inspiration.

La Bible étant seule de son espèce, en tant que livre inspiré, nous ne pouvons savoir de l'inspiration que ce qu'elle nous en dit, et encore sans rien préjuger sur la vérité de son dire, puisque le but du présent écrit est de prouver l'existence de cette vérité. Or dans *I. Macch.* (XII, 9) les livres bibliques de l'Ancien Testament sont dits *Livres Saints.* Il faut arriver au Nouveau Testament pour avoir sur ces mêmes livres d'autres qualifications plus riches et un peu plus précises. Saint Paul (*II. Tim.* III, 15-16) appelle l'Ancien Testament « Lettres sacrées et Ecritures », et il ajoute que toute Ecriture, c'est-à-dire tout ce qui est Ecriture, est divinement inspiré: ici nous avons le mot d'inspiration et ici seulement; mais le mot grec *Theopneustos,* s'il peut être riche de contenu, pourrait être plus clair de sens. La Lettre dite deuxième Epître de saint Pierre, pseudépigraphe pour saint Jérôme et ne datant guère que des débuts du deuxième siècle, nous donne un peu de lumière sur le *Theopneustos,* quand elle dit (I, 21), en parlant des Ecritures, que « les saints hommes venus de Dieu ont parlé étant poussés — ou soutenus — par l'Esprit-Saint ». L'impulsion ou le soutien venant de l'Esprit-Saint sont nécessairement choses mystérieuses, mais cependant plus claires pour notre esprit que le souffle de Dieu. La Vulgate latine a traduit notre texte par *Spiritu Sancto inspirante locuti sunt,* etc.; mais l'original grec ne parle pas d'inspiration. Les Pères du Vatican, dans la première constitution de ce Concile, se sont servis de la traduction latine de notre texte pour définir que les livres de la Bible étaient sacrés ou canoniques uniquement « parce qu'ils avaient été écrits *Spiritu Sancto inspirante* » : c'était dire que dans l'hagiographe ou auteur sacré l'inspiration est l'inspiration; le texte ci-dessus cité de saint Pierre est plus clair. Au reste, l'inspiration dans l'hagiographe est toujours mystérieuse comme chose qui dépasse la nature, et l'hagiographe peut ne pas en avoir conscience; cela paraît avoir été le cas de saint Luc qui (*Lc.* I, 1-4) ne semble s'appuyer que sur ses recherches et sur les soins qu'il a pris dans l'emploi de ce qu'il a trouvé. On peut en dire autant de l'auteur du second livre des Macchabées, à cause de la remarque qui termine ce livre.

Importance de l'inspiration.

L'inspiration, telle qu'elle est dans l'hagiographe, nous est presque totalement inconnue et cela est sans importance pour nous. Ce qui nous est utile, ce sont ses effets sur les écrits ou livres inspirés; mais elle contribue moins à la solidité de notre foi qu'à la ferveur de notre piété. Ce qui prime tout, pour nous, c'est la vérité ou valeur historique des livres saints: toutefois il ne faut pas oublier, à l'encontre de ce que pensent les diverses confessions protestantes, que cette valeur historique n'est complète que si à l'Ecriture s'ajoute la Tradition ecclésiastique, Tradition que l'on peut suivre en étudiant les documents nombreux et variés de l'histoire de l'Eglise. Le contenu des livres bibliques va jouer un rôle considérable dans notre travail. Mais la valeur transcendante de ce contenu, qui est religieux, sera prouvée, et sans réplique, par la conduite du Christ à l'égard de l'Ancien et du Nouveau Testament. Or l'autorité absolue de la parole du Christ suppose qu'il est à la fois Homme et Dieu. Mais la divinité du Sauveur se prouve par la Bible non pas en tant qu'elle est recueil d'écrits inspirés, mais en tant que recueil de documents d'une réelle valeur historique quand ils sont bien compris.

Plan du présent travail sur l'inspiration de la Bible.

L'Ancien Testament n'a pas été canonisé, c'est-à-dire déclaré inspiré, par le Christ, mais le Christ en a approuvé la canonisation déjà faite depuis assez longtemps. Cette canonisation est surtout l'œuvre des prophètes et des sages qui sont venus après les prophètes. La raison de la canonisation a été principalement l'excellence du contenu des livres bibliques, excellence qui a été constatée par divers moyens, mais toujours avec justesse, au moins pour l'époque de la constatation. Une question se pose à propos de la canonisation des livres de l'Ancien Testament qui sont dans les *LXX* et dans notre *Vulgate* latine, mais ne se trouvent pas dans la Bible hébraïque actuelle: cette question supporte plusieurs solutions, toutes satisfaisantes et qui seront examinées en leur lieu.

La canonisation de l'Ancien Testament due à l'excellence de son contenu a pour conséquence la canonisation du Nouveau Testament dont le contenu est incomparablement plus excellent encore; toutefois, comme il y avait un choix à faire, d'après ce que suggère saint Luc (*Lc.* I, 1-4), parmi les livres chrétiens de l'époque apostolique, le

Christ a établi dans son Eglise une autorité supérieure à l'autorité qui a canonisé l'Ancien Testament.

L'inspiration de la Bible catholique une fois établie, on essayera de résoudre, dans la mesure du possible, quelques questions secondaires touchant sa nature, ses effets, son époque et sa publicité.

Ces remarques préliminaires achevées, venons au travail annoncé en titre.

I

Inspiration de l'Ancien Testament à texte hébreu.

Considérations préliminaires sur l'autorité de la Bible hébraïque pour les Juifs, et pour le Christ lui-même.

Provisoirement nous appellerons livre inspiré tout écrit dont l'autorité en matière religieuse s'impose à tous les fidèles de la religion à laquelle appartient ce livre : tel est le Coran pour les croyants de l'Islam. Or, qu'il en fût ainsi de l'Ancien Testament hébreu (la partie grecque sera traitée à part) pour les Juifs à la venue du Christ, c'est ce dont on ne saurait douter. Quand ils discutent avec des Juifs non-chrétiens ou avec des chrétiens judaïsants, c'est-à-dire avec des Juifs mal convertis, les Apôtres leur allèguent l'Ancien Testament comme autorité péremptoire. Le cadre du présent travail ne nous permet que quelques citations particulières, qui seront un peu complétées par des indications générales. Dans les Actes (II, 16 seqq.), saint Pierre cite Joël contre des Juifs moqueurs, et il cite les Psaumes contre le Sanhédrin lui-même (*ibid.* IV, 11). Il en appelle à l'autorité de Moïse à l'égard du peuple qu'il veut convertir (*ibid.* III, 22). Saint Jacques cite aussi l'Écriture (II, 8 ; IV, 5) en écrivant aux Juifs de la Dispersion, qu'il veut attirer au Christ. Paul et Barnabé (*Act.* XIII, 47) citent Isaïe contre les Juifs qui voulaient les empêcher de prêcher le Christ aux Païens. Mais le grand témoin de la pensée juive sur la Bible hébraïque à l'époque du Christ, Paul, avait étudié aux pieds de Gamaliel, docteur de la Loi parmi les plus recommandables (*Act.* XXII, 3), et l'Apôtre lui-même, tout en avouant son peu d'habileté dans la parole, maintient la réalité de son savoir (*II. Cor.* XI, 6). Or, dans deux de ses Epîtres, l'une aux Romains et l'autre aux Galates, saint Paul cite à satiété l'Ancien Testament hébreu, soit pour régler à Rome les différends entre les chrétiens d'origine païenne et les chrétiens d'origine juive, soit pour ramener au vrai chemin les Galates, qui après leur conversion au Christ s'étaient laissé séduire par les Juifs. Nous pourrions parler aussi des citations du même Ancien Testament hébreu faites par les auteurs déjà nommés dans celles de leurs Lettres où ils ne font qu'instruire les premiers chrétiens en se servant de l'Ancien Testament, mais on pourrait nous dire que l'Ecriture n'est alléguée là que comme livre pieux, tandis que contre des adversaires elle est citée comme preuve, c'est-à-dire comme une autorité qui s'impose en matière religieuse.

Après avoir prouvé que la Bible hébraïque était Ecriture pour les Juifs du vivant du Christ sur terre, il nous reste à montrer que le même Christ a reçu cette manière de voir en l'employant lui-même. Or, dans les trois Synoptiques le Sauveur prouve la vérité de la résurrection générale, niée par les Saducéens, en s'appuyant sur un passage de l'Exode (cf. *Mat.* XXII, 31-32). La défense absolue du divorce, loi si bienfaisante pour la société mais maintes fois très dure pour les individus, le Christ la fonde sur les deux premiers chapitres de la Genèse (*Mc.* X, 2-9). Au reste, ce qu'on lisait des Ecritures dans toutes les Synagogues, tant en Judée qu'ailleurs, c'était la Loi ou Pentateuque, et les Prophètes, soit les prophètes antérieurs, ou livres historiques, soit les prophètes postérieurs, ou prophètes proprement dits: les Psaumes étaient chantés dans le Temple, mais pas ailleurs, ce semble. C'était là la partie principale de l'Ancien Testament dans laquelle se trouvait écrit tout ce qui devait s'accomplir dans le Christ (*Lc.* XXIV, 44). Or, ce qui est capital pour l'homme, c'est la pratique de la loi morale, laquelle se résume incontestablement dans les deux grands commandements de l'amour de Dieu et du prochain. Et de ces deux commandements dépendent, d'après le Sauveur, la Loi et les Prophètes (*Mat.* XXII, 35-40). Bien plus, l'amour du prochain est à lui seul la Loi et les Prophètes, dit encore le Christ (*Ibid.* VII, 12). Il est vrai, le véritable amour du prochain, qui est la charité, est inséparable de l'amour de Dieu (*I. Joh.* IV, 20-21). D'après ce qui vient d'être dit, il est clair que, pour le Sauveur, comme pour les Juifs de son époque, la Bible, au moins la Bible hébraïque, était une autorité religieuse hors de pair. Donc le Christ, le Docteur Suprême, a trouvé bonne la canonisation qui avait été déjà faite de cette Bible.

Quels furent les auteurs de cette canonisation ?

Ces auteurs ne pouvaient pas être les chefs d'Israël, même quand ces chefs devinrent des rois exerçant à la fois le pouvoir civil et le pouvoir sacerdotal; le grand prêtre lui-même ne comptait guère devant eux, et ils réglaient maints détails du culte (cf. *I. Reg.* II,

26-27; *II. Reg.* XVI, 10-16). L'Ancien Testament ne fut canonisé qu'après le retour de l'Exil, par la lecture solennelle de la Loi d'abord sous Néhémie, et par celle des Prophètes ensuite. Or, à cette époque et jusqu'aux rois Macchabées, Juda était moins une petite nation ordinaire qu'une sorte de congrégation religieuse; aussi l'Ecclésiastique, écrit vers 180 avant Jésus-Christ, est-il plus sévère à l'égard du monstrueux harem de Salomon que ne l'est le livre des Rois (cf. *Eccli.* XLVII et *I. Reg.* XI). C'est à cette époque que furent canonisés tous les écrits de l'Ancien Testament, au moins les écrits à texte hébreu. Or on n'aurait pas regardé alors comme valable une canonisation faite par les rois. On aurait pu faire exception pour le roi David; mais du vivant de ce roi on n'avait encore que bien peu de chose qui fût Ecriture: des morceaux du jéhoviste et quelques psaumes.

On n'aurait pas reçu non plus comme sacré (*II. Tim.* III, 16) des écrits déclarés tels par des prêtres qui n'auraient été que prêtres, eussent-ils formé tout le corps sacerdotal. Le prêtre, comme tel, n'avait caractère et capacité que pour accomplir les actes du culte, offrandes, sacrifices et bénédictions. Puis, les prêtres n'avaient pas une réputation immaculée, pour ne parler que des seuls grands prêtres : Aaron, leur souche, adora officiellement le veau d'or (*Ex.* XXXII) ; Héli avait des fils déplorables, auxquels il laissait quand même exercer le sacerdoce (*I. Sam.* ch. II). Les chefs du sacerdoce lévitique, qui se succédèrent depuis Aaron jusqu'à l'Exil, sont assez ternes en zèle religieux, si l'on excepte Phinéès, petit-fils d'Aaron, et peut-être aussi Joad, deux hommes sous lesquels il ne pouvait pas être question de canoniser des livres bibliques. Quant aux prêtres de l'époque où le roi Josias fit un nettoyage radical du Temple (*II. Reg.* XXIII), canoniser des livres saints était le moindre de leurs soucis. Ce n'est donc pas l'autorité sacerdotale qui a canonisé la Bible que le Christ a regardée comme vraiment canonisée.

Les Prophètes et les Sages ont canonisé l'Ancien Testament.

Après l'autorité des princes et des rois, qui n'a rien à faire ici, après celle des prêtres, qui est ici tout à fait insuffisante, il ne restait en Israël que l'autorité des Prophètes et des Sages, qui ensemble ne faisaient guère qu'une même classe, surtout à mesure qu'on approche des derniers temps d'Israël: ainsi Esdras (*Esdr.* VII, 6) est un sage, — un *sopher* en hébreu, — versé dans la Loi du Seigneur, et cependant il ne fait qu'un avec le prophète Ezéchiel pour la rédaction du Code sacerdotal ou partie cérémonielle de la Loi. Ainsi encore les LXX attribuent au prophète Jérémie les Lamentations, qui ne sont pas de lui et sont même, ce semble, l'œuvre de plusieurs auteurs, tandis que l'hébreu met ce livre parmi les Ctobim ou écrits des Sages. Que les

Prophètes-Sages aient canonisé l'Ancien Testament c'est presque naturel, puisqu'ils en sont les auteurs secondaires sous Dieu auteur principal, comme nous pourrons le conclure dans la suite de ce travail. Moïse est dit le plus grand des prophètes (*Deut.* XXXIV, 10), et on lui attribue tout le Pentateuque, dont il est au moins l'âme. Les quatre livres de Josué, des Juges, de Samuel et des Rois, sont dits œuvres des prophètes antérieurs, Isaïe, Jérémie, Ezéchiel, et les Douze sont les prophètes postérieurs, auxquels les LXX ont joint Daniel laissé dans l'hébreu parmi les Ctobim, auxquels appartient le reste de la Bible juive; les Psaumes ont été attribués à David, que les Actes (II, 30) appellent prophète. A Salomon, réputé sage entre les sages, sont attribués les Proverbes, le Cantique et l'Ecclésiaste, mais ces deux derniers n'ont rien de Salomon. Les livres d'Esdras et de Néhémie ont beaucoup des mémoires de ces deux grands Sages. On ignore quels sont les auteurs du reste des Ctobim, mais tous ces livres sont pieux, irréprochables en vérité religieuse, et Job est cité comme Ecriture par saint Paul (*I. Cor.* III, 1-19). Voilà ce que, au début de notre ère, on pensait en Israël sur les auteurs des livres de l'Ancien Testament: c'étaient des prophètes, ou des sages assimilables aux prophètes qui les avaient écrits.

Or, durant l'âge apostolique, les prophètes étaient nombreux et accompagnaient les Apôtres, quoique à un rang inférieur (*I. Cor.* XII, 28; *Eph.* IV, 11). Le don de prophétie était dans toutes les églises (cf. *Rom.* XII; *I. Cor.* XII, XIII, XIV). Pour saint Paul, la prophétie est le plus excellent des charismes spirituels différents de la charité ou grâce sanctifiante (*ibid.* XIV, 1). Mais la prophétie et le prophète n'étaient pas alors ce qu'ils sont pour nous depuis fort longtemps; ils continuaient à être ce qu'ils avaient été jusqu'alors dans Israël: d'après les données de l'Ancien Testament, le prophète est surtout un homme de Dieu (cf. *I. Reg.* XII, 22; *II. Reg.* IV, 22-27; *I. Chron.* XXIII, 14). Cette façon de voir au sujet des prophètes est celle de saint Paul: pour lui, le prophète parle aux hommes pour les édifier, les exhorter et les consoler (*I. Cor.* XIV, 3); c'est un grand prédicateur en paroles et en exemples: aussi Paul appelle-t-il homme de Dieu son grand disciple Timothée (*I. Tim.* VI, 11).

Dans un but bien légitime d'apologétique, nos Evangiles ne citent des anciens Prophètes que leurs vues d'avenir sur le Christ et sur ses grandes œuvres: de là, pour les simples fidèles et même pour beaucoup de fidèles instruits, la pensée courante que les anciens Prophètes ne pouvaient ouvrir la bouche sans parler de l'avenir. L'idée que l'Ancien Testament nous a laissée du prophète était beaucoup plus riche et elle a encore toute sa richesse dans saint Paul dont les écrits sont en somme la partie la plus ancienne du Nouveau Testament. Le prophète était un homme de Dieu, allant à Dieu et en entraînant d'autres à sa suite. Cet homme de Dieu connaissait maintes fois des secrets de Dieu dans le passé, le présent ou l'avenir.

Dans le premier cas, il était historien, et nous reconnaissons ici les Prophètes antérieurs, déjà nommés plus haut. L'histoire prophétique et notre histoire sont deux choses tout à fait différentes et l'on a grand tort de vouloir appliquer la même règle d'appréciation à toutes deux. Le prophète historien voit les desseins de Dieu sous la trame des événements, et il choisit et dispose ces événements de manière à faire ressortir ce dessein : nous avons là de l'enseignement religieux donné à l'aide de l'histoire, pensée que nous aurons à développer plus tard, en nous servant de saint Paul comme guide. L'histoire prophétique était si prisée en Israël que l'historien Josèphe (*contra Appion*, I, 8), nullement suspect en la matière, dit que l'histoire d'Israël, écrite depuis le roi perse Artaxercès jusqu'à son époque, ne mérite pas la même créance que celle qui avait été écrite auparavant ; et la raison en était que la série des prophètes après le retour de l'Exil, dit le même Josèphe, n'était pas aussi exacte ou suivie que quand Israël était indépendant chez lui. Encore une fois, l'histoire écrite avec des prophéties ou enseignements religieux n'est pas notre histoire, écrite avec précision dans le temps et dans l'espace à l'aide de documents authentiques employés avec une critique sévère. L'enseignement religieux, donné par l'histoire écrite à la manière des prophètes, a une solidité suffisante, et de plus et surtout il est à la portée des simples. Le même enseignement, fourni par l'histoire écrite à notre manière, permettrait de répondre à certaines objections des incrédules, mais n'aurait pas un fond plus solide, et surtout ne serait pas à la portée des multitudes qui en ont plus de besoin que les esprits cultivés, lesquels ne seront jamais qu'une infime minorité dans notre espèce. Nos quatre Evangiles, livres incomparables d'enseignement religieux pour leur fond, le sont aussi par leur forme, parce que leurs auteurs ont écrit l'histoire du Christ sur terre à la manière des prophètes, omettant beaucoup de faits qu'ils auraient pu rapporter, mais nous transmettant ce qui est suffisant pour que nous croyions à la Divinité du Christ et qu'ainsi nous ayions la vie en lui (*Joh.* XX, 30-31). Si nos Evangiles contenaient la matière de livres qui auraient rempli le monde (*ibid.* XXI, 25), nous nous perdrions dans les taillis informes de cette forêt ; la plupart des simples prendraient tel ou tel détail pour vérité capitale, beaucoup d'esprits cultivés erreraient avec les simples, et la lecture des Evangiles serait sans utilité pour les âmes, elle leur serait même un danger, alors que, si elles ont tant soit peu de culture et de bonne volonté, cette lecture leur est délices et confort.

Après ces réflexions non inutiles sur les prophètes historiens, passons aux autres sortes de prophètes, et d'abord à ceux qui sont dépositaires de secrets divins sur l'avenir, c'est-à-dire à ceux qui, pour notre peuple, sont les vrais prophètes. Durant les premiers temps du séjour d'Israël en Chanaan, les prophètes hommes de Dieu étaient surtout des devins, même pour les grands : ils aidaient à découvrir ce qui était caché ou perdu ; les rapports de Samuel avec Saül à propos des ânesses de son père (*I. Sam.* IX) est un exemple remarquable de ce qui vient d'être dit. Toutefois on ne voit pas que même le simple peuple ait attribué aux hommes de Dieu, reconnus comme tels, des actes qui auraient senti la magie ou la sorcellerie : telle l'évocation des morts, indiquée et blâmée dans Isaïe (VIII), et racontée simplement dans *I. Sam.* XXVIII à propos de la pythonisse d'Endor, appelée ventriloque dans les LXX. Ces prophètes à vues sur l'avenir apparaissent de plus en plus comme hérauts de la Loi divine, inculquant la vertu et flétrissant le vice sans acception de personnes. Tels sont Nathan et Gad sous David (cf. *II. Sam.* XII ; XXIV). Plus tard, Élie et Elisée jouent un rôle analogue, mais beaucoup plus considérable, dans le royaume de Samarie ou partie nord d'Israël. Ces hommes de Dieu prédisent pour Israël et ses chefs du bonheur ou du malheur suivant que la Loi de Dieu est observée ou transgressée : il y a même une promesse de Nathan à David (*II. Sam.* VII) qui paraît contenir du messianisme au sens littéral. Malheureusement, ces hommes de Dieu n'ont pas écrit, ou leurs écrits se sont perdus.

C'est au VIIIe siècle avant Jésus-Christ que commencent les écrits des prophètes postérieurs de la Bible hébraïque, appelés simplement « Prophètes » dans tous les temps et dans tous les pays chrétiens. Amos ouvre la liste vers 750 avant Jésus-Christ. Continuée par les Sages, cette liste dure environ 700 ans. Elle nous montre les hommes de Dieu progressant toujours en Israël et faisant monter le niveau religieux dans l'élite de ce peuple jusqu'au seuil de l'Evangile. Si l'on met les Sages de côté, les hommes de Dieu qui nous occupent sont à la fois des prophètes supérieurs dans leurs vues sur l'avenir et des guides religieux qui ne seront dépassés que par les Envoyés du Christ dans le Nouveau et Eternel Testament. Les visions d'avenir de ces hommes de Dieu sont de deux sortes : les unes sont des prédictions de biens ou de maux temporels pour leur peuple, et ici les prédictions sont toujours conditionnelles, comme cela apparaît clairement dans Jérémie (XVIII). Les autres prédictions sont absolues et ne sont que le développement des promesses faites aux Patriarches, promesses de bénédictions pour toute la terre dans leur descendance, bénédictions qui ne peuvent être que spirituelles d'après ce qui en est dit dans *Gen.* XVIII, 18-20. Nous avons là les prophéties messianiques, prophéties fort importantes, car elles forment une des trois grandes classes de preuves qui montrent la divine origine de l'Eglise catholique. Entrer dans le détail de ces prophéties serait trop long et hors de notre sujet.

Les vues sur l'avenir ne forment néanmoins qu'une faible partie des écrits de nos Prophètes. En mettant ensemble toutes les prédictions, soit messianiques, soit autres, soit sur Israël, soit sur les peuples étrangers, on n'a que la moindre partie des œuvres de nos prophètes. L'autre partie est consacrée à l'enseignement religieux du peuple, enseignement toujours mis à la portée des auditeurs, mais donné d'une manière progressive et nullement routinière. Pour ces hommes de Dieu, les dieux étrangers n'étaient pas seulement des dieux différents de Iahvéh et inférieurs à lui; c'étaient des abominations, des ordures, des riens: seul Iahvéh est Dieu (*Is.* XLV, 5 seqq). Mais il n'est pas seulement un Dieu intelligent et tout-puissant, il est le Dieu juste et saint, saint de sainteté toute intérieure: en un mot, c'est le Dieu Auteur et Législateur du Monde moral et par suite digne du plus haut respect, respect que nous appelons aujourd'hui adoration et que nous réservons à Dieu seul. En un mot Iahvéh est Dieu, lui seul est vraiment Dieu. Cette notion de la Divinité, la seule vraie et complète d'après ce que nous permet de conclure le monde physique et moral dont nous faisons partie, cette notion, disons-nous, ne se trouvait pas ailleurs qu'en Israël avant la venue du Christ. De cette notion de la Divinité résultait pour le peuple israëlite, comme pour nous aussi, la nécessité du culte intérieur, fortement inculquée par l'énergique réprobation du culte purement cérémoniel dans Amos (V, 21 seqq.) et dans Isaïe (I, 10 seqq.). De la notion de Dieu Législateur Suprême dans l'ordre moral résulte une conséquence qui met la Bible et la mentalité religieuse d'Israël au-dessus de la pensée religieuse de l'humanité qui l'a précédé ou qui en était contemporaine : suivant qu'il gardait ou violait la Loi morale, l'homme adressait à son Auteur, indirectement mais réellement, un hommage ou un outrage, et par là s'élevait ou s'abaissait dans l'ordre où nous a placés la création, dans l'ordre moral. Partout ailleurs, en dehors d'Israël et du Christianisme qui continue et complète l'ancien peuple élu, l'homme est enfermé dans le monde physique ou naturel. En dehors du monde judéo-chrétien, aucun des esprits philosophiques les mieux doués, tels qu'Aristote et surtout Platon, n'a eu la pensée de faire Dieu législateur moral. Au reste, en dehors du Dieu des Prophètes, qui est aussi le Dieu des chrétiens, les autres dieux, même les plus haut placés, étaient tout au plus des forces intelligentes, mais complètement amorales; seul le Dieu de Platon, — l'Idée du Bien, — pouvait être un Dieu moral, si l'Idée du Bien était une réalité et non une abstraction. On voit à quelle hauteur la Bible s'est élevée dans les Prophètes commentant et complétant leur initiateur qui est Moïse. Par la pratique de cette morale voulue directement de Dieu lui-même, l'homme acquiert la sainteté intérieure, la seule véritable. Aussi voyons-nous Dieu promettre à son peuple une nouvelle Alliance (*Jer.* XXXI, 31), qui écrira la Loi divine dans les cœurs et non sur des tables de pierre. Dieu va encore plus loin dans Ezéchiel: il donnera à son peuple, aux jours à venir, un cœur nouveau et un esprit nouveau, et cet esprit sera l'Esprit de Iahvéh lui-même (XXXVI, 26-27).

Cette effusion de l'Eprit de Dieu, promise pour les temps à venir, devait être abondante à partir de la venue du Christ, mais elle avait commencé avant cette venue dans l'élite d'Israël, et, moins de 100 ans après, Ezéchiel, l'auteur d'un des plus beaux psaumes, prie Dieu de créer en lui un cœur nouveau et de ne pas enlever de lui son Esprit de sainteté (LI, 13). En même temps que d'avance ils annonçaient au monde le Christ ou Messie spirituel, le véritable Messie, les Prophètes, par leur haut enseignement religieux, rendaient Israël apte à recevoir le grand Envoyé divin. Si, au lieu de paraître à Jérusalem, le Christ s'était montré dans la Rome d'Auguste, pourtant si brillante en civilisation, on ne l'aurait ni écouté, ni mis à mort ; en Israël, la nation presque entière le méconnut, et le haut Sacerdoce le mit à mort ; mais une élite le reçut, reconnaissant en lui le Messie des Prophètes dont elle avait l'esprit. Cette élite alla toujours augmentant, continuant partout et toujours l'Œuvre commencée par le Christ, aide puissant et guide assuré de ceux qui travaillent pour lui.

Après avoir parlé assez longuement des prophètes ou hommes de Dieu qui ont eu les secrets de Dieu pour le passé ou pour l'avenir, parlons des hommes de Dieu qui ont eu des secrets de Dieu pour le présent, mais pour le présent divin, qui est l'immobile et immuable éternité. Cette dernière sorte d'hommes de Dieu, ce sont les Sages, continuateurs des précédents prophètes. Ils ont essayé de scruter Dieu en lui-même et ils y ont presque entrevu l'adorable Trinité. Nous n'avons qu'à signaler ces sublimes Voyants dont le nom nous demeure inconnu. On s'est étendu davantage sur les Prophètes parce que leurs écrits nous fournissent de puissantes raisons de croire, tandis que les vue de nos Sages ne seront visions pour nous que dans l'éternité bienheureuse. En tout cas, dans l'introduction aux Proverbes (VIII, 22-31), la Sagesse est dite engendrée de Dieu et travaille à côté du Tout-Puissant dans la création du Monde. Elle est donc Fils de Dieu, et saint Paul a visé notre passage quand le Christ, consubstantiel au Père, est dit par Lui Puissance et sagesse de Dieu (*I. Cor.* I, 24). L'équivalent, si non mieux encore, se trouve aussi dans les parties de l'Ancien Testament que nous n'avons plus qu'en traduction, et surtout dans le beau livre de la Sagesse à texte original grec. Il est à remarquer que, si les Sages ont sondé avec succès la profondeurs des mystères divins, puisqu'ils ont été approuvés plus tard par le Christ lui-même, ils ont écrit aussi sur des matières qui touchent à la pratique de la vie. Ainsi, le Cantique chante la monogamie non dissoute et, pris au sens spirituel ou figuré, il célèbre l'union mystique de l'âme sainte avec le Christ, époux de l'Eglise (*Apoc.* XIX, 6 à 9). Les mêmes Sages ont, dans le livre de Job, parlé avec précision sur la question du mal physique : ils ont constaté que dans notre espèce il frappe le juste aussi bien que le pécheur, ce que l'on ne croyait pas auparavant et ce qui étonnait le grand prophète Jérémie lui-même (XII, 1-4). Le problème du mal, énoncé seulement avec rectitude dans Job, a été résolu dans Qohélet-Ecclésiaste (*Eccle.* XI, 9-10) : le Nouveau Testament se contente de cette solution, à laquelle il donne toutefois une précision et une clarté tout à fait supérieures. Ainsi que nous l'avons vu, Israël devait subsister, comme nation instruite par les Prophètes, jusqu'à la pleine venue du Christ: le livre d'Esther nous montre la Providence dirigeant les événements vers cette fin. Les livres de Ruth et de Jonas (qui est un pseudépigraphe) nous montrent que le salut, obtenu par le culte du vrai Dieu, pouvait s'étendre à tous les hommes. Sans aller plus loin, on voit que l'Ancien Testament a pu être écrit dans ce qu'il a de meilleur par les Prophètes, tant historiens que voyants, et par les Sages, ces derniers touchant presque les débuts de notre ère dans les parties grecques de l'Ancien Testament, parties qui seront étudiées plus tard.

A quelle époque l'Ancien Testament a-t-il été canonisé officiellement ?

Les Prophètes, en tête desquels il faut mettre Moïse et les Sages, sont après Dieu la cause, sinon unique, au moins principale, de la canonisation de l'Ancien Testament hébreu; mais cependant la canonisation officielle pour chaque livre biblique n'a été faite que quand ce livre a été admis à la lecture solennelle dans la Synagogue. La Loi fut lue solennellement, vers 550 avant notre ère sous Néhémie (VIII, IX), par Esdras, scribe savant dans la Loi du Seigneur (*Esdr.* VII, 6). Toutefois, en examinant bien le récit, on voit vite qu'on ne dut lire que le Code sacerdotal dont la rédaction s'étend d'Ezéchiel à Esdras. Dans les Chroniques (*II. Chron.* XVII, 7 seqq.) il est dit que, par ordre de Josaphat, des prêtres et des lévites parcoururent toutes les villes de Juda et y annonçaient la Loi du Seigneur. On pourrait entendre ici par « Loi » les parties les plus anciennes du Pentateuque, le Deutéronome excepté, qui dans son état actuel est postérieur à Ezéchias; mais on ne peut pas faire fond sur un fait qui n'est attesté que par les Chroniques, qui plient par trop l'histoire à l'enseignement religieux, d'ailleurs excellent dans ce livre. En ne suivant pas des probabilités, mais en ne suivant que les données de l'histoire, on ne peut fixer avec certitude la canonisation de tout le Pentateuque qu'aux temps d'Esdras-Néhémie.

Après la lecture canonisante de la Loi vint aussi, mais plus tard, la lecture canonisante des Prophètes, tant antérieurs ou historiens, que postérieurs ou prophètes proprement dits. Le Siracide dans l'éloge des Pères (*Eccli.* XLIV-XLIX) nous permet de conclure que la Loi et les prophètes étaient déjà lus, c'est-à-dire canonisés, quand il vint au monde. Or, le fils de Sirach écrivit son livre, l'Ecclésiastique, vers 180 avant Jésus-Christ, car il ne dit rien des troubles Macchabéens, qui commencèrent avec Antiochus Epiphane vers 174 avant Jésus-Christ; d'autre part, l'auteur connaît admirablement notre Bible hébraïque, comme le prouvent les nombreuses coïncidences de la moitié environ de son texte hébreu retrouvé avec le texte de notre Bible hébraïque : le Siracide est donc né vers 250 avant Jésus-Christ, et cela cadre assez bien avec ce que nous dit de son aïeul le traducteur grec de notre livre dans la préface non inspirée mise en tête de sa traduction. C'est donc dans la première moitié du troisième siècle avant notre ère que les Prophètes, soit antérieurs, soit postérieurs, ont été canonisés.

La troisième partie de la Bible hébraïque, les Ctobim (Ecrivains), se compose des Psaumes, des Proverbes, de Job, des cinq Méguilloth (le Cantique, les Lamentations, Ruth, Esther et l'Ecclésiaste), les Chroniques, Esdras, Néhémie, et Daniel. Cette section de l'Ancien Testament, qu'on appelle les Hagiographes, ne paraît pas avoir été lue dans la Synagogue avant l'époque du Christ, à l'exception cependant des Psaumes, dont au moins quelques-uns étaient chantés dans le Temple, lorsque furent composées les Chroniques vers 300 avant Jésus-Christ (*II. Chron.* VII, 6) ; mais il y aura à revenir sur le Psautier. D'après notre liste, les Ctobim ou Hagiographes forment 11 livres, et, joints aux 5 livres de la Loi ou Pantateuque et aux 8 livres des Prophètes tant antérieurs que postérieurs, ils nous donnent 24 livres pour l'Ancien Testament hébreu. Or saint Jérôme n'en compte que 22 dans son *Prologus galeatus :* c'est qu'on rattachait Ruth aux Juges et les Lamentations à Jérémie. Le nombre des livres bibliques devenait 22, comme le nombre des lettres de l'alphabet hébreu, et Ruth et les Lamentations devenaient livres inspirés, comme parties de livres prophétiques. Les Proverbes, le Cantique et l'Ecclésiaste sont par leurs titres mêmes attribués à Salomon, le roi très sage, à qui on attribuera plus tard le beau livre de la Sagesse, bien que le texte original en soit grec. C'est dans la première moitié de sa vie que Salomon composa, ou plutôt put composer, les livres qui lui sont attribués (cf. *Eccli.* XLVII, 14-17) ; mais ces livres ont toutes chances d'être pseudépigraphes, si l'on excepte les Proverbes dans les parties qui lui sont attribuées et qui ont une saveur toute antique. Un Sage comme Salomon au temps de sa sagesse était capable de produire des écrits inspirés, et attribuer un livre à Salomon, qu'il fût ou ne fût pas de Salomon, c'était faire de ce livre un écrit inspiré. Le livre d'Esdras-Néhémie n'est que la continuation des Chroniques. Ces dernières ont leur principale source dans la Loi et les Prophètes canonisés, augmentés de mémoires d'anciens hommes de Dieu (cf. *II. Chron.* XII, 15 ; XXIV, 27) et, au début de l'ouvrage, de listes généalogiques qui paraissent anciennes. Les mémoires d'Esdras et de Néhémie sont la source principale, source de première valeur, pour le livre qui porte le nom de ces deux grands Sages et n'est que la continuation des Chroniques : à ces mémoires s'ajoutent quelques pièces officielles, dont quelques-unes nous apprennent que le grand roi, le roi de Perse, parlait parfois au pluriel, à l'inverse des rois d'Israël qui ne parlaient jamais qu'au singulier. Le premier récit de la Création a été écrit quand les Juifs étaient sujets du grand roi (1); ceci explique que Dieu dise en parlant comme grand Roi, — qu'il est d'ailleurs (*Mat.* V, 35): « Faisons l'homme — ou des hommes — à *notre* image et à *notre* ressemblance », sans qu'il soit fait allusion à la pluralité des Personnes dans l'être divin. Cette allusion eût été ici inintelligible faute de préparation dans le contexte. Daniel a toute chance d'avoir pour source les *dires* du vieux prophète Daniel, placé entre Noé et Job dans Ezéchiel (XIV, 14). Dans notre livre, qui en son état actuel date des environs de 165 avant notre ère, les dires du vieux prophète sont disposés de manière à donner consolation, espérance et confort au peuple juif horriblement persécuté par Antiochus Epiphane; Daniel est une apocalypse de l'Ancien Testament faisant pendant à l'Apocalypse de saint Jean dans le Nouveau Testament.

Tous ces hagiographes se recommandent par leurs sources, d'origine ou d'attribution, et par leur contenu. Esther cependant, le seul des hagiographes dont on n'a pas parlé, n'a pas de sources connues qui le recommandent. Toutefois, par son contenu, ce livre peut être assimilé au livre des Juges: dans l'un et l'autre de ces écrits on voit une Providence spéciale intervenir pour qu'Israël ne périsse pas, mais subsiste comme nation jusqu'à la pleine venue du Christ, ainsi qu'il a été déjà remarqué.

Au reste l'historien Josèphe, dans son premier livre contre Appion, nous donne vers l'an 100 de notre ère un témoignage précis et irrécusable sur le nombre des livres canoniques chez les Juifs à son époque, livres dont il dit (*Cont. Ap.* I, 8) qu'ils « sont crus divins à juste titre ». Or ces livres sont alors au nombre de 22, comme ils l'étaient à l'époque de saint Jérôme.

Nous avons à revenir sur les Psaumes, ainsi qu'il a été annoncé plus haut. Il y a des Psaumes de toute époque: un certain nombre est d'avant l'Exil, le plus grand nombre est postexilien, quelques-uns même sont d'époque Macchabéenne, tel le psaume 110, morceau du plus haut messianisme et dont les lettres initiales des versets forment par leur ensemble « Simon le Terrible », allusion évidente à l'illustre Simon Macchabée. La composition tardive de certains Psaumes pourrait être une objection à la canonicité totale du Psautier au début de notre ère. Mais déjà le Christ (*Lc.* XXIV, 44) met le Psautier sur le même pied que la Loi et les Prophètes, et le passage déjà cité de Josèphe contre Appion est une réponse péremptoire à toute objection, car le Canon hébreu est donné comme définitivement clos.

En résumé, la Loi et les Prophètes ont été canonisés par la lecture solennelle qu'on en fit dans toutes les Synagogues après l'Exil. Quant aux hagiographes, si l'on excepte les Psaumes qui étaient chantés dans le Temple, on ne voit pas qu'ils aient été lus dans les synagogues, mais cependant nous les avons vus canonisés à l'époque du Christ.

(1) Le roi de Perse.

La Bible hébraïque a été canonisée à cause de son contenu religieux.

Ce que la Bible hébraïque contient de meilleur au point de vue moral et religieux se trouve dans les Prophètes postérieurs, dans le Deutéronome — qui dans son état actuel est l'œuvre de ces Prophètes, — et dans les écrits de quelques-uns des Sages. Cependant Moïse, réputé auteur de la Loi ou Pentateuque, est dit le plus grand des Prophètes (*Deut.* XXXIV, 10) et la Loi était toujours lue avant les Prophètes; le Christ aussi met toujours la Loi en tête (*Act.* XIII, 15; *Mat.* VII, 12). Il en résulte que ce qui recommandait un écrit en Israël c'était le titre religieux de son auteur, mais le titre religieux mérité. Or ce n'est qu'en Israël revenu de l'Exil que se fit la canonisation de l'Ancien Testament hébreu, et à cette époque les prophètes ou hommes de Dieu primaient, dans l'estime de tous, les prêtres de tout rang et les anciens rois eux-mêmes, à moins que les prêtres ne fussent prophètes, comme c'était le cas de Jérémie, ou que les rois ne fussent réputés prophètes, ainsi que l'était David. Les Prophètes étaient des hommes de Dieu, prêchant d'exemple et souvent aussi de parole, beaucoup plus rarement par l'écriture: ainsi Elie et Elisée, colosses parmi les prophètes, n'ont jamais écrit, et c'est le cas de la presque totalité des Prophètes. Les Prophètes écrivains nous sont précieux, même quand ils n'ont pas la plume d'un Isaïe, tant par ce qu'ils disent eux-mêmes que par ce qu'ils nous permettent de conclure sur la mentalité générale des prophètes, et même, par contraste, sur la mentalité des faux prophètes, souvent en fort grand nombre (cf. *Jer.* XXVI).

Nous avons fait d'ordinaire venir les Sages après les Prophètes, mais il y a des distinctions à établir. Les anciens Sages prononçaient des sentences, des paraboles et des proverbes. Les jeunes se formaient en travaillant à acquérir l'intelligence des dires toujours un peu énigmatiques des Sages, qui étaient toujours des anciens (cf. *Prov.* I, 4-6). Quelques dires des Sages sont donnés dans *Prov.* XXII et XXIV; ils sont précédés des dires de Salomon (*ibid.* X-XXII), qui, bien que jeune encore, était plus sage que les sages les plus renommés (*I. Reg.* V, 11 seqq.). Dans la suite, les anciens Sages furent remplacés, avant et après l'Exil, par les Scribes qui étaient des hommes savants dans la Loi. Jérémie (VIII, 8) n'est pas tendre pour les scribes ou plutôt pour certains d'entre eux, car il y avait des bons et des mauvais scribes comme il y avait des bons et des mauvais prophètes: Esdras, nous l'avons vu, était un scribe excellent. Les Scribes existèrent jusqu'au Christ, conjointement avec les Prophètes ou hommes de Dieu. Les Sages reparurent quand Israël fut en rapport avec le monde grec; les Sages de cette époque donnent aussi des enseignements pratiques de morale comme les anciens Sages, mais plus remplis de religion, et en outre ils cherchent à sonder les profondeurs de l'être divin ; nous avons déjà vu que dans l'unité absolue de la Divinité ils entrevoyaient une sorte de pluralité, que le Christ a mise dans son plein jour en nous révélant l'Unité trine du Père, du Fils et de l'Esprit-Saint. Il est vrai, l'Esprit divin n'est bien en vue que dans le livre grec de la Sagesse (IX, 17), mais la Sagesse est dite engendrée dans l'introduction aux Proverbes (VIII, 24-25) et cette introduction est d'époque récente. Le Siracide lui-même, bien qu'il ait écrit en hébreu, fait aussi un pompeux éloge de la Sagesse (*Eccli.* XXIV). Donc les Sages ordinaires et les sages dans l'intelligence de la Loi ou Scribes persistèrent jusqu'au Christ en compagnie des Prophètes ou prédicateurs et hommes de Dieu, que nous retrouverons dans le Nouveau Testament et même dont l'un d'entre eux, saint Jean le Baptiste, sera dit plus grand que ceux qui l'ont précédé (*Lc.* VII, 28).

De tout ce qui vient d'être dit tirons une conclusion.

Le motif principal, mais non cependant le seul, sur lequel on s'est fondé pour canoniser les livres de l'Ancien Testament hébreu, c'est la réputation de l'auteur de ce livre, auteur réel ou auteur d'attribution. Le premier rang qui a été toujours assigné au Pentateuque entier, tient sans nul doute possible à ce que Moïse en était censé l'auteur unique, lui qui est dit le plus grand des prophètes en Israël (*Deut.* XXXIV, 10). Or, si quelques parties dans la Loi sont comparables par l'élévation et l'importance aux écrits des grands prophètes, toute la partie rituelle ou Code sacerdotal, qui forme plus que le tiers du livre dit de Moïse, n'est en rien comparable aux écrits des prophètes postérieurs, de ceux que nous appelons simplement les Prophètes. Cette partie rituelle de la Loi a cessé d'être obligatoire et est devenue morte dès l'apparition de l'Evangile. Nous ignorons qui a composé les livres historiques appelés Prophètes antérieurs, mais pour qu'on ait fait de leurs auteurs des prophètes, il fallait qu'on fût devant des hommes d'une grande réputation religieuse, et bien méritée. En parlant ainsi, nous ne faisons pas une hypothèse purement gratuite. Après le retour de l'Exil, en effet, Israël était moins une nation ordinaire et indépendante qu'une congrégation religieuse dans un sens large, soumise à des maîtres étrangers souvent assez durs. Ceux qui profitèrent de la liberté laissée par Cyrus aux exilés (*Esdr.* I, 1 seqq.), ne revinrent au pays de leurs pères que poussés par le sentiment religieux, car la vie était plus aisée dans la Chaldée, et, pour se maintenir en Judée, ils ne luttèrent contre les ennemis, qui les entouraient, que soutenus par le même sentiment religieux. Les martyrs nombreux que fit l'horrible persécution d'Antiochus Epiphane nous montrent quel était vers 150 avant Jésus-Christ l'attachement du peuple et de l'élite des grands en Israël à l'égard de Iahvéh, le seul Dieu véritable. Cet état religieux se maintint en se développant durant près de cinq siècles (540-100 avant Jésus-Christ). C'est seulement quand les descendants des héroïques Macchabées prirent le titre de roi que tout changea en Israël : seule une faible élite comprit et suivit la pensée des anciens grands prophètes ; mais l'immense majorité de la nation, sans devenir païenne, ne rêva que grandeur temporelle, qu'un Messie courbant tous les peuples sous la domination d'Israël. Or c'est durant cette époque de vie religieuse que s'établit le canon de la Bible hébraïque par la lecture solennelle de la Loi et des Prophètes soit antérieurs soit postérieurs. Les Hagiographes n'ont pas été canonisés par la lecture solennelle, comme on l'a déjà remarqué, mais ils ont pu l'être par leur attribution à des hommes de Dieu ou par la parenté de leur contenu avec des écrits de tels hommes. Or à l'époque, fixée ci-dessus, où eut lieu la canonisation de la Bible hébraïque, le sentiment religieux chez les grands et dans le peuple était assez vif et assez éclairé pour ne pas permettre qu'on prît comme hommes de Dieu des gens qui n'en auraient eu que l'apparence.

Nous avons dit que le motif principal d'inscrire un livre au canon hébreu avait été la valeur religieuse de l'auteur de ce livre. Ce motif en effet, nullement méprisé des grands, était à peu près le seul qui pût impressionner le peuple. Mais à ce motif les auteurs du Canon, — dont Esdras et Néhémie nous sont seuls connus, — pouvaient en ajouter un autre, l'excellence du contenu du livre et sa supériorité sur tous les autres livres religieux étrangers. Les canonisateurs en effet pouvaient prendre connaissance des livres à canoniser, ce que ne pouvait faire le peuple, qui, chez les anciens, même dans le monde gréco-romain, ne savait pas lire. D'autre part, comme Israël était depuis longtemps en rapport avec les peuples qui l'environnaient, soit de près, soit même d'assez loin, et dont plusieurs, tels que l'Egypte, l'Assyrie, la Chaldée ou Babylonie et même Damas et l'ensemble de la Phénicie, étaient considérables, les grands de Juda pouvaient, surtout après le retour de l'Exil, connaître les pratiques religieuses de ces différents peuples et par suite ce qui fondait leur religion et leur morale. Il leur était donc possible de comparer les croyances de ces peuples et la vie religieuse qui en résultait, avec les croyances d'Israël et avec ce qui en résultait pour la conduite de chacun. L'Ancien Testament, même dans ses suppléments des LXX, met la vérité religieuse et morale en face de l'erreur contraire, louant et imposant celle-là, flétrissant et interdisant celle-ci. Certes il y a maintes précisions qui manquent, maints défauts qui sont tolérés, mais tout va se corrigeant et se perfectionnant à mesure qu'on marche vers la lumière de l'Evangile. Ce serait un magnifique tableau à faire que celui du développement religieux en Israël, surtout s'il était mis en contraste avec la stagnation ou la déchéance religieuse et morale qu'on observe en cette matière chez tous les grands peuples voisins d'Israël : mais ce serait un tableau hors de place dans le présent travail. Voyons plutôt ce qu'il nous est permis aujourd'hui de penser sur la valeur du Canon hébreu, en nous appuyant sur les réalités accessibles à notre raison et qui, dans le cas présent, sont avant tout la philosophie et l'histoire.

Le canon hébreu est conforme aux exigences de la droite raison. L'éducation d'Israël par les hommes de Dieu sous une action spéciale de la Providence.

La droite raison nous oblige de conclure qu'il y a un Etre existant par lui-même et qu'il est la Cause totale de l'univers physique et du monde moral, soit que ce dernier monde consiste en la seule famille humaine, soit qu'il comprenne plusieurs groupes, comme la raison l'affirme possible et comme la Révélation le montre réel. Cet Auteur des deux mondes, physique et moral, impose aux êtres du monde moral une Loi absolue, écrite dans leur nature, Loi dont l'observance les perfectionne et dont la violation les dégrade, Loi qui demande donc une sanction, le parfait et le dégradé ne pouvant pas être traité de la même façon, et cette sanction, qui n'est ni ne peut être de la vie présente, exige pour nous la survivance de l'âme ou principe responsable dans ce que nous appelons l'au-delà. De plus, en ceux d'entre nous qui observent convenablement la loi de leur être, c'est-à-dire la Loi morale, apparaissent aux yeux de l'âme des tendances supérieures qui, si elles étaient réalisées, nous élèveraient à des hauteurs de perfection dépassant, ce semble, notre nature, au moins telle qu'elle est dans notre état présent. En face de ces réalités, vraies quoique invisibles, la droite raison se demande si nous ne sommes pas faits pour cette grandeur désirée, mais à peine entrevue.

Or, nous connaissons aujourd'hui, et dans des documents authentiques, quelles étaient les croyances religieuses des anciens grands peuples voisins d'Israël: l'unité de Dieu y était remplacée par le polythéisme avec ou sans hiérarchie, mais toujours avec perte totale de transcendance absolue pour la nature de la Divinité. Quant au caractère moral ou plutôt moralisateur de la Divinité, le seul des caractères à Elle propres qui la rende sainte et vénérable, il était chose inconnue chez tous les dieux des peuples qui nous occupent, même chez les plus considérables de ces déités. Israël ne fut en rapport avec le monde grec que quand le Canon hébreu était déjà établi. Mais la connaissance des divinités grecques ou gréco-romaines n'aurait pu qu'augmenter son mépris pour tous les dieux autres que le Dieu d'Israël. Pour Iahvéh seul, surtout pour le Iahvéh des grands Prophètes, il y avait entre le bien et le mal moral une différence absolue et irréductible. Le culte rendu à de telles divinités non seulement ne favorisait pas la morale, mais, comme on l'a dit avec raison, il en était un des pires ennemis: ces cultes ne furent jamais qu'extérieurs, mêlés de superstitions puériles ou grossières, quelquefois de sacrifices humains, et trop souvent de débauches dites sacrées, toutes choses que les hommes de Dieu condamnèrent toujours en Israël. Ils parvinrent même de bonne heure à rendre intérieur le culte de Iahvéh, ainsi que nous l'ont déjà montré des passages cités plus haut d'Amos et d'Isaïe. Bien plus, d'autres passages, déjà cités aussi, de Jérémie et surtout d'Ezéchiel promettent la conclusion d'une nouvelle alliance de Iahvéh avec ses Fidèles et en eux habitera son Esprit qui animera toutes leurs actions: ces promesses, faites en apparence pour Israël seul, devaient s'étendre à l'humanité entière, dont toutes les familles devaient être bénies dans la descendance des grands patriarches, ancêtres d'Israël. Déjà même cet Esprit de Iahvéh était dans les vrais fils d'Israël, puisqu'un psalmiste prie le Seigneur qu'il n'ôte point de lui son Esprit de sainteté (*Ps.* LI). Nous avons ici, promis et même en voie de réalisation, ce que nous appelons le Surnaturel, élévation que désire sourdement notre nature, mais dont aucun peuple païen n'a jamais eu l'idée: tous ces peuples étaient enfermés dans le Cosmos visible qui contenait tout, hommes et dieux. En résumé, la Bible hébraïque, qui nous trace de la Religion d'Israël un tableau fidèle, puisqu'elle n'en tait pas les manques, cette Bible, disons-nous, est pour l'enseignement religieux un livre hors de pair parmi tous les livres religieux des peuples contemporains d'Israël. En ces derniers livres tout ce qui établit rationnellement la morale naturelle, base et sanction, tout fait défaut. L'homme y est réduit à l'état d'être *amoral*, c'est-à-dire de simple animal supérieur, primant cependant les singes anthropoïdes. Le peu de morale qu'on trouve inculquée dans ces livres n'est rien qu'extérieure et imposée par les nécessités de vivre dans la famille et surtout dans la société. Mais, pour qu'on ne nous reproche pas de flétrir sans merci les livres religieux du paganisme en passant sous silence les défauts de la Bible hébraïque, nous allons répondre brièvement à ce reproche.

La législation du mariage est défectueuse en deux points, la polygamie et le divorce. Or, la polygamie alla disparaissant, surtout après le retour de l'Exil, avec la disparition des personnages puissants et l'élévation du sentiment religieux, qui faisait que même avant l'Exil les hommes de Dieu n'avaient pas plusieurs femmes, comme on le voit par Isaïe (VIII, 3), haut personnage auquel son rang social eût permis d'avoir plus d'une femme. Il faut en dire autant d'Ezéchiel. Quant à Jérémie, personnage des plus importants, il ne contracta pas même mariage.

Pour ce qui est du divorce, il était assez rare tant qu'Israël ne fut pas en rapports courants avec les païens, c'est-à-dire jusqu'aux rois Asmonéens. — Les grands ne renvoyaient pas leurs femmes, ils se seraient mis à dos leur beau père, homme puissant lui aussi. Les gens du peuple, n'étant pas riches, ne renvoyaient pas leur femme, car il leur aurait fallu en acheter une autre et sans rentrer dans les débours qu'ils avaient faits pour avoir la première, puisqu'on n'avait une femme qu'en l'achetant. — D'ailleurs dans Malachie, vers 550 avant Jésus-Christ, Iahvéh dit qu'il hait le divorce, passage auquel les LXX, suivis par le latin, ont donné, malgré le contexte, un sens contraire au vrai sens que lui donnent toutes les traductions actuelles (cf. *Mal.* II, 16).

L'esclavage existait en Israël comme dans tout le monde antique, mais l'esclave hébreu était libre au bout de six ans, et il n'était esclave à vie que s'il le voulait (*Ex.* XXI). D'ailleurs comme tous les hommes descendaient, aux yeux d'Iraël, des premiers ancêtres créés par Dieu, et comme de plus l'esclave devait être circoncis (*Gen.* XVII), ce n'était plus l'équivalent d'un animal comme chez les païens, mais un être digne de quelque respect. Il est vrai, on était dur pour les esclaves et le Siracide n'est pas tendre en la matière, mais on n'était pas doux pour les enfants: « Qui épargne le bâton, n'aime pas son fils », est-il dit dans *Prov.* XIII, 24.

On pourrait reprocher à la Bible de raconter sans le moindre blâme la dureté d'Israël envers les ennemis vaincus (*II. Sam.* VIII, 2 seqq.) Mais c'est à peine s'il leur rendait la pareille (*II. Reg.* VIII, 10-15). La stèle de Mésa au Louvre nous apprend que ce roi de Moab immolait à son dieu Kamos les ennemis qu'il avait fait prisonniers. Puis, il était besoin de donner de temps à autre à ces anciens bédouins une leçon sévère, leçon d'ailleurs vite oubliée, comme nous le montre Amalec, qui, châtié et razzié par Saül, pille peu de temps après Sikelag et emporte tout, personnes et biens (*I. Sam.* XV, XXX). Au reste, ce qu'on pourrait appeler le Code militaire d'Israël (*Deut.* XX) nous oblige de conclure qu'Israël n'était pas un peuple conquérant et que dès lors ses guerres n'étaient à peu près que des guerres défensives.

Il y a une pratique commandée par Dieu lui-même dans l'Ancien Testament: c'est le fait de vouer à l'anathème des personnes, des villes et des populations entières. Tout ce qui était voué à l'anathème devait être détruit et mis à mort si c'étaient des êtres vivants, fût-ce même des personnes (*Levit.* XXVII, 28-29). Cette pratique de l'interdit ou anathème choque vivement nos contemporains, mais il faut apprécier la manière d'agir des hommes d'autrefois d'après leur mentalité et non d'après la nôtre. Chez tous les anciens peuples, et cela subsiste encore dans tout l'Orient, le pouvoir civil et le pouvoir religieux étaient à peine distincts, et surtout ils n'étaient pas séparés; c'est celui qui tenait le glaive qui avait aussi les deux pouvoirs; d'ailleurs le pouvoir spirituel ou religieux ne donnait que la capacité d'accomplir des rites extérieurs, sans la moindre action sur la conscience, absente d'ailleurs chez ces peuples à peu près totalement amoraux. Chez Israël seul il y avait un pouvoir spirituel s'adressant à la conscience: c'était le pouvoir de Iahvéh parlant par ses prophètes, que nous avons vus supérieurs aux prêtres et aux rois eux-mêmes. Mais les prophètes n'étaient pas armés du glaive et, si leur action sur une élite était considérable, c'est l'action du pouvoir civil qui façonnait la masse du peuple, même en Israël. Dans ces conditions, suivre une religion non autorisée par le Prince, et surtout adorer un dieu autre que le dieu principal de la contrée, c'était violer les lois fondamentales de son pays: les persécutions des Césars contre les chrétiens avaient pour motif légal, c'est-à-dire pour motif principal, que leur religion n'était pas une religion autorisée; toutes les meilleures raisons des Apologistes chrétiens n'eurent aucune force contre ce motif: seul l'édit de tolérance, donné par Constantin en 311, lui enleva sa vigueur. Donc, dans tout l'ancien monde jusqu'au Christ, c'était la même puissance qui portait et faisait observer les lois civiles et les lois religieuses, et cette puissance était armée du glaive. Cela constituerait une énormité pour nous qui avons l'idée et le sentiment de la conscience morale, parce que nous croyons en Dieu, en un Dieu personnel et créateur. Mais avant notre ère, la connaissance de Dieu n'était un peu commune qu'en Israël; partout ailleurs elle était, que ce fût avec ou sans faute, très généralement nulle. Les hommes, comme on l'a déjà remarqué, étaient des êtres *amoraux*, gouvernables seulement par la force et nullement par un droit absolu s'imposant à la conscience morale: encore une fois, une telle conscience et un tel droit étaient inconnus en dehors d'Israël. C'est l'Evangile qui a introduit partout ces réalités supérieures dans la grande famille humaine; la liberté de conscience, qu'on n'ose pas aujourd'hui attaquer en face, ce sont les martyrs qui nous l'ont acquise.

Après ces quelques considérations de philosophie et d'histoire, revenons à l'interdit ou anathème qui pouvait atteindre une personne, une cité, ou même tout un peuple! S'il s'agit d'une seule personne vouée à l'anathème, ce ne peut être qu'un Israëlite qui aurait sacrifié à d'autres dieux qu'à Iahvéh seul (*Ex.* XXII, 20). C'est le monothéisme véritable, connu d'Israël seul, et nécessairement exclusif. Abandonner le dieu du pays ou égaler à lui des dieux étrangers et par suite inférieurs, c'était partout alors un délit passible de peines généralement graves: même dans le syncrétisme païen, le dieu du pays passait avant tous les autres. Quand, au lieu d'une personne, on parle d'une ville vouée à l'anathème, ce ne peut être que d'une ville Israëlite qui commettrait en masse le crime défendu par l'Exode (XXII, 20). Il faut juger ce cas comme le cas précédent, en remarquant que la coutume générale qui régnait alors et qui nous choquerait aujourd'hui, aidait Israël tout naturellement à conserver pour lui-même et pour toute l'humanité l'inappréciable trésor de la connaissance et du culte du vrai Dieu. Au reste, la Bible ne donne aucun exemple d'individu ou de cité exterminée par anathème; le cas d'Achan (*Jos.* VII) ne tombe pas sous la défense de l'Exode, il est tout à fait particulier, et on s'aperçut qu'on avait poussé les choses trop loin.

Venons enfin aux peuples qui sont voués à l'anathème et de par ordre de Dieu même: ces peuples sont les Chananéens, habitants de la Palestine lorsqu'Israël vint s'y établir. Il est à noter que ces peuples ne devaient pas être convertis, et c'était déjà quelque chose qu'on n'essayât pas de les convertir par la force; ces peuples devaient être exterminés, dans la crainte qu'ils n'attirassent Israël au culte de leurs dieux. C'est ce qui arriva et même en grand, avant la destruction de Samarie et l'Exil de Juda, car les Chananéens ne furent pas détruits. Ils furent seulement assujettis après de longues guerres qui ne se terminèrent que sous David et en réduisirent fortement le nombre. Cependant sous Salomon, qui soumet les vaincus à la corvée pour ses bâtisses, la population Chananéenne n'est pas bien loin, d'après les données de la Bible, d'égaler la moitié des sujets de Salomon. Si l'ordre d'extermination, si souvent répété dans le Deutéronome et dans Josué et les Juges, était vraiment venu de Dieu, David, roi puissant et tout à fait attaché à Iahvéh, aurait exécuté cet ordre, ce qui lui était relativement facile, car il avait la Syrie entière sous sa main.

Nous avons sur le même sujet, quelque chose, peut-être, de plus extraordinaire encore. Dans les Nombres (XXI, 21-33) on décrit la conquête du pays transjordanien, enlevé aux rois Sehon et Og, sans qu'il soit dit mot de l'anathème ou plutôt sans qu'on voue quoi que ce soit à l'anathème. Plus tard, en effet, les Rubénites et les Gadites obtiennent de s'établir dans le pays conquis (*ibid.* XXXII) et, avant d'aller aider leurs frères à conquérir le pays à l'ouest du Jourdain, ils placeront, disent-ils, leurs femmes, leurs enfants et leurs nombreux troupeaux en sûreté dans des villes fortes (*ibid.* XXXII, 17). Or à quoi bon ces précautions si, comme il est dit dans le Deutéronome (II, 31-III, 7) on avait tout voué à l'anathème et si personne n'avait échappé à l'extermination?

Ici nous avons le nœud de la difficulté. Le Deutéronome, dans son état actuel est tout à fait postérieur à Moïse; il date du VIIe siècle avant Jésus-Christ, et il a été inspiré, sinon écrit, par les grands prophètes. D'ailleurs ce livre se donne à son début comme pensée, non comme écriture, de Moïse. A l'époque dont date notre livre, la puissance et les victoires de Ninive, et de Babylone ensuite, menaçaient de remplacer en Judée le culte de Iahvéh par celui des dieux des vainqueurs. Pour préserver Israël de ce péril et lui inspirer une horreur profonde de l'idolâtrie, les Prophètes firent tonner Dieu contre ce crime et montrèrent par des retouches aux livres de Josué et des Juges que les premiers chefs d'Israël avaient accompli les ordres terribles venus d'en haut. Heureusement ces ordres ne furent pas donnés et n'eurent pas à être exécutés. Les Chananéens subsistèrent en nombre respectable, assujettis tant qu'Israël fut fort, mais ils se relevèrent durant l'Exil de Juda et on trouve chez eux des princes puissants même à l'époque des grands Macchabées (*I. Macch.* IX, 37, 53). On pourrait trouver naïf l'obstacle opposé à l'idolâtrie par les prophètes; en tout cas il n'était pas mauvais. Il produisit de bons effets sous le pieux roi Ezéchias et plus tard encore sous Josias. Mais alors le mal était trop enraciné et il fallut la main de Iahvéh, qui par l'Exil guérit à jamais son peuple de son penchant à l'idolâtrie.

Nous avons étudié au long cette question de l'anathème parce que Dieu était en cause: or tout retombe sur les prophètes qui, sans faire aucun mal, ont fait le bien dont ils étaient capables.

Il nous reste encore à examiner la pensée de l'Ancien Testament hébreu sur la sanction de la Loi morale dans l'au-delà. La survivance de l'âme y est toujours affirmée et c'est une survivance indéfinie. De plus, le bien et le mal dans l'ordre moral y revêtent un caractère qu'on ne trouve dans les livres religieux d'aucun autre peuple: c'est une obéissance ou une désobéissance à Dieu en tant qu'il est l'auteur de la Loi morale. Partout ailleurs, hors d'Israël, les actes de l'homme sont conformes ou contraires à la loi de sa nature, loi qui ne peut avoir un caractère moral que si elle tient de la Divinité; tous les dieux étrangers à Israël étaient amoraux, ils le sont encore et le seront toujours. Ce qui étonne d'abord, c'est que l'Ancien Testament hébreu, malgré sa connaissance vraie du bien et du mal moral, mette dans le même lieu et le même état les justes et les pécheurs après la mort. Il n'y avait qu'à tirer la conclusion d'un syllogisme dont on avait les prémisses; un Grec l'aurait fait à l'instant et nous verrons un Judéo-grec le faire dans le livre de la Sagesse avec une pleine maîtrise. Mais le Juif, qui n'avait vécu qu'en Judée, ne percevait que le concret qui est singulier, tandis que, pour raisonner, il faut, ce qui était naturel aux Grecs, percevoir l'abstrait, qui est universel.

En Israël on pensa longtemps, le peuple pensa même toujours, que la vertu et le vice recevaient leur récompense et leur punition ici-bas. Cependant vers 500 avant Jésus-Christ, Job fait voir (XXI, 1 seqq.) que cette façon de penser n'est pas toujours vraie. L'Ecclésiaste, vers 300 avant Jésus-Christ, accentue encore davantage le dire de Job et en finissant (XII, 14) il nous avertit que toutes nos actions, même les plus secrètes, seront portées au jugement de Dieu: or, en Israël, Dieu et justice ont été toujours inséparables. Ce n'est toutefois que dans Daniel (XII, 2) que les justes et les pécheurs nous apparaissent séparés et traités selon leurs mérites lors de la résurrection; mais cette séparation a-t-elle lieu avant? Daniel ne nous le dit pas. Pour savoir que cette séparation est déjà faite dans le séjour des morts, il faut lire la Sagesse (IV, 19-V, 7), écrite en bon grec environ 100 ans après Daniel, non loin des débuts de notre ère. Dans l'affaire capitale de la place que nous préparent pour jamais nos actions de la vie présente, l'Ancien Testament a marché avec lenteur, mais il est arrivé enfin au but, que n'a atteint aucun autre livre soit religieux soit philosophique. Dans les religions, tant de l'Orient que du monde gréco-romain, c'est la métempsycose à cycles sans fin ou avec *nirvana* final; tantôt, avec les Stoïciens, c'est l'absorption dans l'animal divin qui est le Monde, d'où sont tirés nos corps et nos âmes; Platon n'a pas évité la migration des âmes, et pour Aristote il n'y a qu'une immortalité impersonnelle: cependant ces deux derniers noms désignent bien les deux têtes philosophiques les mieux douées qui aient vécu en dehors du Judéo-Christianisme. Pour avoir toute la pensée de l'Ancien Testament sur notre destinée éternelle et sur sa réalisation, nous avons fait appel aux parties de l'Ancien Testament à original grec, mais nous en prouverons la canonicité plus loin dans le présent travail ; d'ailleurs, Daniel aurait pu nous suffire pour clore les recherches des hommes de Dieu sur cette grave question.

Après ces explications, un peu longues malgré toute notre tendance à la brièveté, il nous est permis de dire que les défauts qu'on peut reprocher à l'Ancien Testament hébreu en matière religieuse ont été se corrigeant à mesure qu'on s'approchait de la venue du Christ, et qu'au début de notre ère le dogme et la morale enseignés dans l'Ancien Testament atteignaient le seuil de l'Evangile, pour être portés par le Christ à une hauteur qui ne saurait être dépassée. Nous avons dans l'Ancien Testament le tableau vivant et attachant de l'éducation d'Israël par les hommes de Dieu sous une action spéciale de la Providence, et cette éducation d'Israël était, par la lecture et l'explication des Ecritures dans les synagogues après le retour de l'Exil, une préparation du monde à recevoir le bienfait incomparable de l'Incarnation.

Ce qu'il y a de réel et de saisissable pour nous dans l'inspiration.

La Bible hébraïque est un livre d'enseignement religieux. Nous avons vu que les Juifs la regardaient comme telle à l'époque du Christ, qu'ils lui accordaient une autorité hors de pair en matière religieuse, et que le Christ a approuvé cette manière de voir : nous savons tout cela par l'histoire.

Or, en jugeant le contenu de la Bible hébraïque d'après les lumières de la droite raison, et en répondant aux reproches qu'on pourrait faire à ce contenu, nous venons de voir que la Bible, prise telle qu'elle était au début de notre ère, est un livre d'enseignement religieux qui n'a été dépassé que par le Nouveau Testament et qui, comparé aux livres religieux de tous les peuples qui ont précédé notre ère, les dépasse tous, au moins dans son ensemble, car les conditions de la famille et de la société, ainsi qu'il a été déjà remarqué, imposaient sur certains points une morale acceptable, mais cependant purement extérieure. Mais quand il s'agit de la Divinité, de son rôle dans le monde de la matière et des esprits, et surtout de nos devoirs envers Elle, quand il s'agit de notre véritable grandeur, de notre destinée éternelle et de sa préparation dans la vie présente : alors, tous les livres religieux antérieurs au Christ et étrangers à Israël ne sont qu'un ramassis d'erreurs grossières en dogme, de superstitions ridicules et maintes fois obscènes dans le culte, et d'oubli total de la charité et même de la justice chez les grands et les puissants envers les petits et les faibles. De même qu'il a existé une Providence tout à fait spéciale pour conduire et élever Israël en religion et en morale jusqu'au seuil de l'Evangile, de même, pour composer les livres du recueil biblique de l'Ancien Testament, et même aussi pour en faire le choix parmi d'autres livres écrits par des hommes de Dieu (cf. *II. Chron.* XII, 15; XXIV, 27), il a fallu un guide tout spécial, maître infaillible dans la haute matière à enseigner, et capable à chaque instant de mettre ses leçons à la portée de l'intelligence et de la bonne volonté toujours croissante de ses disciples. Ce qui confirme notre pensée, c'est que le Guide souverain, en s'accommodant à la mentalité encore rudimentaire de ses dirigés, leur a permis d'écrire ce qui a dû être corrigé plus tard quand leur mentalité était formée: ainsi (*II. Sam.* XXIV) Dieu pousse David à dénombrer Israël et il le punit après le dénombrement, ce que l'auteur des Chroniques (*II. Chron.* XXI), choqué avec raison, corrige en faisant pousser David par Satan. La première rédaction nous paraît une énormité; mais, chez tous les peuples de l'ancien Orient sans en excepter Israël, le roi, maître absolu, était cause de tout, de ce qu'il ordonnait, de ce qu'il permettait et même de ce qu'il n'empêchait pas; leurs notions philosophiques, surtout celle de causalité, étaient plus que rudimentaires; elles se précisèrent un peu au contact des Grecs; or les Chroniques ont été écrites au début de ce contact, comme permettent de le conclure les listes des grands prêtres dans Néhémie.

Mettons, avec leurs facultés naturelles et leurs moyens d'action, d'un côté Israël et de l'autre côté les grandes ou moyennes nations civilisées, plus ou moins contemporaines d'Israël et en tout cas antérieures à la venue du Christ. Du côté d'Israël nous avons un peuple sans arts, sans sciences, sans philosophie, avec une faible littérature ; c'est donc un peuple sans grandes facultés naturelles; il n'y a rien de brillant en lui. Les moyens d'action que pourraient lui fournir la fertilité du sol, l'industrie, le commerce sont presque nuls ou de faible importance: il y eut seulement sous Salomon un peu de commerce, qui ne fut pas continué dans la suite. Ce peuple très moyen fut toujours entouré de voisins souvent aussi forts que lui et ne cherchant guère qu'à vivre de pillage. C'est seulement sous David qu'Israël eut une puissance militaire respectée de tous ses voisins, mais cette puissance était tombée presque en entier à la fin du règne de Salomon. Ce n'est qu'en passant, sommes-nous obligés de dire, qu'Israël connut les gloires du triomphe et le calme de la paix, sous David et sous son fils. La nation se divisa ensuite en deux royaumes, le plus souvent ennemis entre eux, le royaume du midi ou de Juda, et le royaume du nord ou de Samarie, au moins deux fois plus fort que Juda. Cependant, c'est en Juda que s'est fait le Canon de l'Ancien Testament, que la presque totalité des livres de ce Canon a été composée, et que les Prophètes et les Sages ont écrit et vécu. Le royaume du nord ne nous donne qu'un auteur sacré, le prophète Osée, car le livre de Jonas est un pseudépigraphe datant des environs de 300 avant J. C. Au reste le royaume de Samarie disparut lors de la prise de sa capitale par les Assyriens, vers 720 avant Jésus-Christ. Le royaume du nord nous est connu par le livre des Rois, livre non dénué de valeur historique, et qui nous montre que, malgré l'action des grands prophètes Élie et Élisée et de leurs nombreux disciples, les fils des prophètes, l'idolâtrie corrompit de bonne heure tout le pays (*II. Reg.* XVII). En somme rien ne favorisait en Israël, et finalement en Juda, la composition d'un livre tel que la Bible hébraïque.

Si, au contraire, nous examinons les grandes et même les moyennes nations civilisées antérieures à notre ère, toutes plus considérables qu'Israël et surtout que Juda, telles que l'Inde, l'Iran où se sont succédé les Mèdes, les Perses et les Parthes, les Etats à écriture cunéiforme des bassins du Tigre et de l'Euphrate, l'Egypte, le groupe phénicien, et avant tout le monde gréco-romain : ici les arts abondent, les lettres sont souvent brillantes et partout considérables en étendue. Les sciences prennent naissance un peu partout, l'astronomie dans la Chaldée, les mathématiques en Grèce où les beaux arts atteignent une perfection qui ne sera guère dépassée. Les castes sacerdotales font de la théologie un peu partout, sauf peut-être dans le monde gréco-romain. Dans ce dernier monde il y a des penseurs, des disciples de Socrate, qui portent la philosophie à une hauteur inconnue avant eux et qui n'a été dépassée que quand la raison a été aidée par les lumières de la Révélation judéo-chrétienne. Chez la plupart de ces peuples la puissance économique fut ordinairement considérable, et maintes fois la force militaire le fut aussi.

Or, qu'est-il résulté de cet ensemble de qualités naturelles et de tous ces grands moyens d'action? Rien, au point de vue de la pratique morale. Des erreurs grossières, au point de vue des écrits et des enseignements religieux.

Une conclusion se tire clairement de ces longues prémisses. Là où se trouvaient tous les moyens de réussite, l'échec a été complet et pitoyable; là où tous les moyens de succès manquaient, le succès a été complet. Il a fallu pour cela une aide, et une aide qui dépasse les aides fournies par la nature, puisqu'il y a eu échec complet là où se trouvaient toutes ces aides. Donc la composition de la Bible hébraïque et sa canonisation ont été faites par des hommes, sans doute, mais aidés d'un secours surnaturel: ici, par ses effets, l'inspiration se montre à notre raison comme une réalité et une réalité d'ordre tout à fait supérieur. *Digitus Dei est hic* (*Ex.* VIII, 15).

Nous savons maintenant que l'Ancien Testament hébreu est canonique et nous savons aussi pourquoi il a été déclaré canonique. Pour compléter notre étude sur l'Ancien Testament, nous allons parler de la canonicité ou inspiration des parties de l'Ancien Testament dont nous n'avons le texte qu'en grec, soit original, soit simple version.

II

Inspiration des parties de l'Ancien Testament que nous n'avons qu'en grec.

Livres de l'Ancien Testament que nous n'avons qu'en grec.

Ces livres sont : le second livre des Macchabées et la Sagesse de Salomon, tous deux à original grec et dont saint Jérôme dit du dernier « *redolet eloquentiam græcam* ». Viennent ensuite les grandes additions qui font de Daniel un cycle dans les LXX. Dans ce cycle l'histoire de Suzanne est, sans doute aucun, à original grec, comme on peut l'inférer du jeu de mots à propos du nom des deux arbres sous lesquels Suzanne aurait péché ; le reste des additions a toute chance d'avoir été écrit en grec à cause de la date tardive (vers 165) du Daniel hébreu-araméen. Il semble qu'il en faille dire autant des petites additions faites à Esther. Du premier livre des Macchabées, belle histoire qui est presque dans le grand genre classique, nous n'avons qu'une version grecque. Il en est de même pour Tobie et Judith ; mais ici les traducteurs ont pris une liberté dépassant la liberté des Anciens en cette matière, liberté qui pourtant était grande : aussi avons-nous presque deux textes grecs pour Judith, et pas loin de quatre pour Tobie. Jusque vers 1900 nous ne possédions qu'en version grecque la Sagesse de Sirach (Ecclésiastique), mais on a trouvé depuis presque la moitié du texte hébreu de ce livre ; une grande partie de cette précieuse trouvaille a été faite dans la guéniza (boîte à papiers sacrés) de la synagogue du Caire. Ceci suggère une remarque qui a son intérêt : si la Sagesse de Sirach, quoique écrite en hébreu, n'était pas regardée comme inspirée, puisqu'elle n'est pas dans la Bible hébraïque, elle n'était pas non plus livre profane, puisque beaucoup de ses restes se trouvaient dans la boîte à papiers sacrés. Il est possible que la même chose soit arrivée, sans laisser de traces, à quelques-uns des livres dont nous n'avons plus qu'un texte grec. Toutefois, si ces livres ont été écrits en araméen ou néo-hébreu, ils ont eu chance de n'avoir pas été reçus en Judée où dominait l'étroitesse des Pharisiens, tandis qu'un esprit beaucoup plus large régnait parmi les Juifs de la Dispersion; mais pour ceux-ci le livre était traduit en grec afin de pouvoir être lu dans les synagogues de la Dispersion, nombreuses surtout dans le monde gréco-romain. Quant aux livres à original grec, ils ne pouvaient pas être lus en Judée où l'on ne parlait qu'Araméen et où l'on méprisait le grec depuis la persécution d'Antiochus Epiphane.

Les quelques renseignements qui viennent d'être donnés jettent un certain jour sur le milieu dans lequel ont été composés ou lus les livres à texte grec qui nous occupent. Ce milieu, tout à fait défavorable à leur acceptation en Judée, ne leur était pas contraire dans la Dispersion en pays gréco-romain, sans cependant leur être positivement favorable: il a donc fallu d'autres conditions que celles du milieu pour que ces livres aient été reçus dans les LXX, qui étaient la Bible de la Dispersion. Le cas de l'Ecclésiastique, écrit en hébreu vers 180 avant Jésus-Christ et conservé comme livre pieux, mais non comme Ecriture, nous indique qu'à partir de l'époque Macchabéenne on ne canonisa plus en Judée les livres des hommes de Dieu. Si l'on excepte Daniel, qui dans son état actuel date des environs de 165 avant Jésus-Christ, les livres les plus récents du Canon hébreu remontent au 3e siècle avant Jésus-Christ. Daniel, tel que nous l'avons, est une apocalypse dont le but était de soutenir la foi du peuple durant la persécution d'Antiochus Epiphane. Or il est très possible que des chants attribués d'une manière plus ou moins authentique au très ancien prophète Daniel (cf. *Ez.* XIV, 14) fussent répandus en Israël et qu'on en ait fait notre livre-apocalypse de Daniel (1): ceci expliquerait son insertion dans le Canon hébreu. On le voit, la canonicité ou inspiration des livres de l'Ancien Testament dont nous n'avons qu'un texte grec est une question un peu complexe: on va l'examiner de plus près.

Que penser de la canonicité des livres à texte grec de l'Ancien Testament ?

Le milieu de la Dispersion, sans être contraire à la canonisation des livres qui nous occupent, ne leur était pas positivement favorable; cela a été déjà dit. Voyons donc ce qu'ils avaient de leur contenu ou de leurs auteurs qui pût leur mériter la canonisation.

(1) Dans Isaïe (XV-XVI), un vieux chant a été adapté par Isaïe lui-même à des rapports nouveaux entre Jérusalem et Moab qui auparavant dépendait de Samarie.

Leurs auteurs nous sont malheureusement inconnus; il faut nous retourner vers le contenu de nos livres. En commençant par la Sagesse, le plus récent, ce semble, des écrits de l'Ancien Testament, nous trouvons sa première moitié (I à IX) au moins aussi riche en morale et plus abondante et élevée en dogme que tout ce qui a été écrit avant elle. L'autre partie de notre livre (X à XIX) montre, d'une manière peut-être un peu recherchée mais néanmoins vraie, l'action de la Providence sur Israël à ses origines: ici notre écrit est original, serait-on tenté de dire. Les Prophètes ne sont préférables à la Sagesse que sur un point, c'est qu'ils ont des vues messianiques, sur lesquelles la Sagesse est muette: la raison en est, tout porte à le croire, que ce livre a été écrit aussi pour les païens instruits, auxquels il était bon de ne pas révéler encore les grandes espérances d'Israël. En somme la Sagesse méritait d'être canonisée.

Le second livre des Macchabées est un livre d'enseignement religieux donné par l'histoire: il imite les prophètes historiens qui ont écrit Josué, les Juges, Samuel et les Rois. Si ce livre parle de faits merveilleux très publics, ignorés cependant de *I. Macch.*, il en renvoie toute la responsabilité à sa source, qui est Jason de Cyrène dont il fait un résumé. Jason, juif de la Dispersion, n'avait pas été témoin oculaire, et les faits lui venaient de loin, facilement amplifiés.

Ce que nous avons appelé le cycle de Daniel est très moral pour ce qui regarde Suzanne, et pour ce qui est dirigé contre les idoles et leurs prêtres: sur ce dernier point il y a peut-être un peu de naïveté, mais l'auteur se mettait à la portée de ses lecteurs, qui étaient le peuple.

I. Macchabées est une magnifique histoire par le fond, ou par les choses racontées, et de forme aussi par la belle marche du récit: la constance invincible du peuple juif à garder sa foi et sa Loi, et le courage héroïque de Mathatias et de ses fils pour défendre la liberté religieuse de leur nation, fournissent comme récit un des plus beaux épisodes de la vie et de l'histoire d'Israël. Un tel écrit méritait de trouver place dans le Canon des Ecritures: l'étroitesse des Pharisiens y mit obstacle.

Outre qu'il nous donne de précieux détails sur la formation du Canon hébreu de la Bible, le Siracide est comme un résumé de l'enseignement moral de la Bible hébraïque. Nous avons presque la moitié du texte hébreu de ce livre, et on a compté environ 500 contacts avec les Ecritures plus anciennes: le livre supposerait donc dans son entier un millier de contacts. Si les Chroniques ont mérité la canonisation, parce qu'elles étaient composées en grande partie avec des livres canoniques antérieurs, l'ouvrage de Jésus, fils de Sirach, pouvait fort bien entrer dans la liste des Livres saints; ajoutez que ce livre a de beaux développements sur la Sagesse increéée (XXIV) et sur ses effets en Israël, effets qui, par le Christ, devaient s'étendre à tous les hommes et jusqu'à la fin des temps.

Judith méritait la canonisation au même titre qu'Esther: de part et d'autre, le peuple de Dieu menacé dans son existence nationale est sauvé par une intervention spéciale de la Providence. Nos deux livres, Esther et Judith, risquent de n'avoir aucun fond historique. Esther ne pouvait pas être reine couronnée, car il n'y en avait qu'une; seule elle était capable de donner des héritiers au roi, et pour cela elle devait être du même sang que lui, du sang des Achéménides: nous savons cela par les historiens grecs. Or c'est Parisatis qui était la reine couronnée sous Xerxès, qui est l'Asuérus de la Bible. Quant à Judith, il aurait fallu qu'elle vécût sous Manassès pendant qu'il était en prison à Babylone, d'où le repentir de ses fautes le fit sortir (*II. Chron.* XXXIII, 11 et sq.); malheureusement les Rois, histoire autrement fondée que les Chroniques, ne disent mot de cette captivité et encore moins de ce repentir. Bien plus, il est dit (*II. Reg.* XXIV, 3; *Jer.* XV, 4) que Dieu ne pouvait pas pardonner à Jérusalem à cause des péchés de Manassès. Esther et Judith avaient un but très louable en portant Israël à se confier au Seigneur au milieu des périls qui le menaçaient presque sans relâche de la part de ses puissants et méchants voisins.

Tobie coupe à tort et à travers l'histoire vraie, tant de la Bible que de l'Assyrie, et cependant il est vrai à sa façon et rempli d'instruction religieuse dans le tableau qui nous est tracé d'une famille juive se conservant merveilleusement au milieu des païens, même en temps de persécution. De telles familles répandues çà et là dans le monde oriental et dans le monde gréco-romain préparaient notre humanité à la réception de l'Evangile. Tobie méritait la canonisation. Ajoutons que le fond d'édification du sujet se trouve dans toutes les versions.

Disons un mot de Baruch, qui avait été oublié dans la liste des livres de l'Ancien Testament que nous n'avons qu'en texte grec. C'est un recueil de trois pièces, pieuses toutes trois, mais assez hétérogènes. Elles peuvent faire partie du recueil biblique de l'Ancien Testament. Bien des pages canonisées, par exemple plusieurs listes généalogiques des Chroniques, n'ont pas autant d'édification, tant s'en faut. On regarde comme addition chrétienne, et cela paraît fondé, l'endroit (III, 38) où il est dit de la Sagesse « qu'Elle a apparu sur la terre et a conversé avec les hommes ».

Les livres de l'Ancien Testament à texte grec ont-ils été canonisés ?

D'après les remarques faites sur le contenu de ces livres et surtout d'après leur comparaison avec les livres déjà canonisés, nos livres étaient canonisables. Mais en fait ont-ils été canonisés? Voilà ce qui importe et qui demande une réponse. Or les LXX étaient lus dans leur intégrité actuelle par les Juifs de la Dispersion. La preuve en est que, quand les LXX eurent été mis par les Apôtres aux mains des fidèles et qu'ils furent lus dans les églises chrétiennes déjà un peu nombreuses, l'autorité religieuse d'Israël ne voulut plus que la Bible des LXX fût lue dans les synagogues de la Dispersion, et elle y fut remplacée par les versions d'Aquilée, ou de Symmaque, ou de Théodotion, versions que saint Jérôme eut entre les mains et dont nos LXX actuels contiennent la traduction de Daniel par Théodotion. Or, avant notre ère il n'y avait qu'une autorité religieuse en Israël, et elle résidait à Jérusalem, la Ville sainte, vénérée de tous les Juifs, qui y venaient en pèlerins non pas seulement de la Judée et des lieux voisins, mais de toute la Dispersion, où florissaient de nombreuses synagogues. Tous les Juifs jusqu'à la ruine de Jérusalem par Titus ne formaient qu'un peuple, n'avaient qu'une même religion, mais lisaient l'Ecriture dans deux langues, ceux du monde gréco-romain, beaucoup plus nombreux que les autres, dans le grec des LXX, et ceux de la Judée et du monde oriental en hébreu, dont se rapprochait beaucoup l'araméen primitif, langue alors très commune dans la Syrie : il n'y avait pas la moindre discorde entre les lecteurs bilingues de la Bible ; l'hébreu passait naturellement avant le grec, qui pour la plus grande partie de l'Ancien Testament n'était que simple version.

Dans de telles conditions, le Christ en approuvant l'Ecriture simplement et sans distinction n'a pas seulement approuvé ce qui était déjà canonisé — la partie hébraïque, — mais l'Ancien Testament entier, et par là même il a canonisé ce qui aurait pu avoir besoin d'être canonisé. D'ailleurs, pour que les Apôtres aient mis nos LXX comme Ecriture aux mains des premiers fidèles, dont plusieurs venaient de la Dispersion, il fallait que nos LXX fussent reçus comme Ecriture non seulement par les Juifs de la Dispersion, mais aussi par la très grande majorité de tous les Juifs. Que la Bible grecque trouvât une opposition parmi les Pharisiens, c'était sans importance capitale : la Bible hébraïque avait, elle aussi, ses opposants, les Saducéens, qui n'admettaient guère que le Pentateuque, ce qui n'empêchait pas l'ensemble des Juifs de regarder toute la Bible hébraïque comme Ecriture.

Nous avons déduit des conséquences considérables du fait que les LXX ont été mis par les Apôtres aux mains des premiers chrétiens. Or, que les Apôtres aient agi ainsi, cela se conclut de ce que les citations de l'Ancien Testament dans le Nouveau sont toutes tirées des LXX, à deux ou trois près qui ont été traduites directement de l'Hébreu : aussi les LXX peuvent-ils être appelés la Bible apostolique et, comme dit le Concile de Trente, « *Septuaginta in sua auctoritate manent* ». Ce qui a trait à la canonicité de l'Ancien Testament, tant hébreu que grec, étant terminé, nous allons traiter ce qui se rapporte à la canonicité du Nouveau.

III

Inspiration des livres du Nouveau Testament.

Ces livres sont les quatre Evangiles, les Actes d'Apôtres, les treize Epîtres de saint Paul, l'Epître aux Hébreux, l'Epître de saint Jacques, les deux Epîtres de saint Pierre dont la seconde a toute chance d'être pseudépigraphe, les trois Epîtres de saint Jean, celle de saint Jude et enfin l'Apocalypse.

Canonicité du Nouveau Testament. Ses preuves. Qu'il est l'œuvre du Christ lui-même.

Le Christ, monté au ciel avant que rien ne fût écrit du Nouveau Testament, n'a pu ni le canoniser, ni en approuver la canonisation, comme il l'avait fait pour l'Ancien Testament. Mais, si l'Ancien Testament a été canonisé à cause de l'excellence de son contenu de doctrine religieuse et de piété, on peut dire sans la moindre crainte d'erreur que le Nouveau Testament, pour les mêmes raisons, mérite incomparablement plus la canonicité : parmi les livres d'enseignement religieux, rien n'est comparable au Nouveau Testament ; c'est, peut-on dire, un livre tombé du ciel.

Au reste, si le Nouveau Testament n'a pas eu d'approbation subséquente de la part du Christ, il a eu ce qu'on peut appeler une approbation antécédente. Les Evangiles en effet, partie la plus excellente sans contredit de notre livre, sont un admirable résumé de la vie du Sauveur et de l'enseignement qu'il a donné aux hommes par ses actions et ses paroles. Les trois premiers de ces merveilleux récits, les Evangiles Synoptiques, sont un abrégé substantiel de ce qu'on enseignait à tous, de la Catéchèse générale à laquelle saint Luc (I, 4) fait allusion. Le dernier de ces récits de la vie du Sauveur, l'Evangile johannique, récit où la divinité du Christ nous dérobe très souvent son humanité toujours visible et un peu imitable pour nous dans les trois récits précédents, ce dernier récit, disons-nous, a été écrit par saint Jean pour un groupe de disciples choisis et de culture à la fois juive et hellénique soignée: c'est l'Evangile spirituel, dont l'auteur humain responsable est Jean le *théologien* (cf. Eusèbe *Histoire de l'Eglise*, lib. VI, c. 14). Remarquons en passant que l'enseignement des Synoptiques et celui de l'Evangile spirituel ne forment pas deux enseignements, l'un exotérique ou public, et l'autre ésotérique ou secret: ceci avait lieu dans le paganisme et a été toujours ignoré et même abhorré dans le catholicisme. Il n'y a dans nos Evangiles qu'un seul enseignement religieux, mais à des degrés différents, comme il en est aussi dans l'Eglise, suivant qu'il s'agit des prêtres ou des simples fidèles, bien qu'il ne soit nullement défendu à ces derniers d'acquérir la science religieuse du prêtre et même du prêtre le plus instruit. Nos Evangiles contiennent donc tout l'enseignement religieux du grand Envoyé divin, tant en dogme qu'en morale. La morale est complète et parfaite dans les Synoptiques. Le dogme, plus développé dans saint Jean, surtout pour la Trinité, l'Incarnation, la Rédemption et la Grâce, pourrait sans trop de peine se déduire dans son intégrité des Synoptiques eux-mêmes. Il y a bien un point et des plus importants, pour la connaissance duquel les données de nos Evangiles seraient insuffisantes: c'est la grande Institution du Christ, l'Eglise catholique avec sa hiérarchie, son pouvoir de gouvernement et ses moyens de sanctification. Toutefois les bases essentielles de ce grand édifice sont posées par le Christ lui-même dans les Evangiles. Mais c'est la Tradition qui complète les Evangiles et nous instruit pleinement pour ce qui a trait à l'Eglise. L'Eglise en effet, dans son Unité et ses différentes parties, a fonctionné aussitôt après le départ du Christ vers le Père. C'était un Tableau vivant, visible aux yeux de tous quand on écrivait les Evangiles, qui dès lors n'avaient pas à en parler sinon par allusion.

C'était à l'histoire vraie, dont la Tradition ecclésiastique est une partie, de nous apprendre comment dès son origine a fonctionné la grande Institution du Christ: ce fonctionnement ne peut pas subir de changements essentiels, car ce sont toujours les mêmes vérités à croire, les mêmes préceptes à observer et les mêmes moyens de sanctification à employer. De là la fixité de la Tradition ecclésiastique. Les changements dans l'Eglise ne sont et ne peuvent être que de surface. Elle doit, sans rien perdre de son caractère d'origine, s'adapter au temps et aux circonstances pour se faire mieux et plus facilement accepter des hommes, dont elle élève très haut la faible nature, mais en la contrariant beaucoup.

Or tout ce que nous apprennent les Evangiles en un résumé d'une richesse inouïe, le Christ a commandé à ses Apôtres de l'annoncer à tous les hommes jusqu'à la fin des temps, leur promettant son assistance perpétuelle quand ils prêcheraient la pénitence et l'Evangile à toutes les nations, et cela avec une autorité égale à celle que comme homme il tenait de la mission du Père (*Mat.* XXVIII, 19-20 ; *Mc.* XVI, 15; *Lc.* XXIV, 46-47; *Joh.* XX, 21). Dans de telles conditions, saint Paul avait le droit de dire aux Thessaloniciens (*I. Thess.* II, 13) que ce qu'il leur avait prêché c'étaient vraiment les paroles de Dieu. Les Apôtres ne devaient enseigner que la doctrine religieuse du Maître, d'après les textes ci-dessus cités, et une nouvelle précision est donnée à ces textes quand le Christ dit à ses envoyés (*Act.* I, 8) : « Vous serez mes témoins dans Jérusalem, etc. ». Ils devaient être les porte-voix du Christ, et leurs écrits et ce qui est demeuré de leurs discours nous montrent qu'ils furent surtout cela. Ils se contentent de rapporter ce qu'ils ont vu ou entendu (*Act.* IV, 20), sans faire de dissertations et même en général sans tirer de conclusions, ce que des Grecs n'auraient pas manqué de faire. Paul lui-même, qui n'était pas des douze et avait une grande science des Ecritures, se contente d'être simple rapporteur (*I. Cor.* XV, 1 seqq) à propos du fait colossal de la Résurrection du Christ. Ainsi c'est dans le langage de simple narrateur que parlait celui qui cependant devait porter le nom du Christ devant les rois et les nations et être l'apôtre de la gentilité (*Act.*, IX, 15; *Gal.* II, 7-8). Les ordres du Sauveur étaient clairs, ils furent obéis, de là est sorti le Nouveau Testament; on serait tenté de dire qu'il est l'Œuvre du Christ lui-même: il a de ce chef une canonicité interne qui lui est propre, et que l'Eglise a toujours reconnue.

La question des livres controversés du Nouveau Testament.

Ce qui vient d'être dit de l'inspiration ou canonicité du Nouveau Testament, acceptée de tout temps par toute l'Eglise, n'est pas contredit par les doutes qui s'élevèrent sur quelques-unes des Epîtres catholiques et même sur l'Epître aux Hébreux. Eusèbe dans son Histoire de l'Eglise a traité la question avec un soin tout spécial, et il était outillé pour cela avec sa bibliothèque de Césarée, qui n'avait pas son égale alors dans les autres églises. Or pour lui les livres du Nouveau Testament sont ou *omologoumena*, ou *antilegomena*, ou *notha*, c'est-à-dire ou reçus de tous, ou controversés, ou apocryphes...

Les *omologoumena* ont été reçus partout et toujours comme Ecriture. Les *notha* n'ont jamais eu cet honneur : ainsi l'évangile de Jacques et l'épître de Barnabé n'ont jamais obtenu le titre d'Ecriture malgré les deux grand noms que portent leurs en-tête. Quant aux *antilegomena*, ils ont tous fini par acquérir une place indiscutée dans le canon des Ecritures. Une remarque assez importante est à faire ici: ces doutes n'ont porté que sur les épitres qui n'étaient pas adressées à des églises particulières ou à des personnages connus tels que les grands disciples de saint Paul, Timothée et Tite auxquels l'Apôtre a écrit ses Lettres pastorales si belles et si pratiques. L'Epître à Philémon n'a jamais été mise en doute, quoique Philémon ne fût pas un personnage très en vue, parce qu'elle ne faisait qu'un avec la Lettre aux Colossiens. La Lettre aux Hébreux a été toujours connue des Alexandrins et auparavant elle avait été connue de Clément romain. La première Epître de saint Pierre et la première de saint Jean n'ont jamais été attaquées et elles comptent parmi les plus belles Lettres du Nouveau Testament. L'Epître de saint Jacques était connue du Pasteur vers 170. Le Fragment de Muratori, vers la même époque, nomme l'Epître de saint Jude et parle de deux lettres de saint Jean: la première Epître étant hors de cause, c'est une des deux petites qui auraient sa première mention dans le Canon du pape Damase, vers 380, canon où se trouvent tous les livres du Nouveau Testament.

Un point est à remarquer, c'est que, quand saint Jérôme, dans son *De Scriptoribus ecclesiasticis*, parle de l'Epître de saint Jacques, de la deuxième de saint Pierre et de celle de saint Jude, il se contente de dire que pour beaucoup ces Epîtres sont des pseudépigraphes, mais pour lui et pour ses contemporains ce sont des Ecritures. Le doute sur les auteurs de ces Epîtres, doute qui n'aurait pas existé si elles avaient été adressées à des églises particulières, ce doute, disons-nous, effleura un peu leur qualité d'Ecriture, qualité que nous leur avons vu attribuer de bonne heure dans le Fragment de Muratori (sur lequel il y aura lieu de revenir) et qualité que ces Epîtres possèdent à bon droit. Quant à la pseudépigraphie, il est difficile de l'enlever à la deuxième Epître de saint Pierre; après tout, nous avons de nombreux pseudépigraphes dans l'Ancien Testament, et la Sagesse à texte grec attribuée à Salomon est un des plus beaux livres de l'Ancien Testament; le grand nom de Pierre pouvait bien donner lieu à un pseudépigraphe; mais la Lettre authentique du Prince des Apôtres est bien supérieure à l'autre. Quant aux deux autres Epîtres, celles de saint Jacques et de saint Jude, rien ne s'oppose à ce qu'elles soient des deux parents du Seigneur.

Quelles autorités ont canonisé le Nouveau Testament. La Tradition.

Nous avons vu l'Ancien Testament canonisé à cause de l'excellence religieuse de son contenu, contenu apprécié par les Prophètes et les Sages, qui dès lors sont les vrais canonisateurs, et cette canonisation est irréprochable puisque le Christ l'a approuvée, ainsi qu'on l'a constaté.

Or (*Mat.* XXIII, 34) le Sauveur dit qu'il va envoyer des prophètes, des sages et des scribes, et qu'on les maltraitera comme on a fait dans les anciens temps. Il y eut, en effet, des prophètes qui étaient prédicateurs et hommes de Dieu ; il y eut des scribes savants dans les Ecritures, et saint Paul avait cette qualité avec plusieurs autres ; il y eut enfin des sages, possédant une gnose de bon aloi, c'est-à-dire une science élevée et pénétrante, comme elle apparaît dans les Théologiens du Nouveau Testament, qui sont, en tête de ligne, saint Jean, saint Paul et l'auteur de l'Epître aux Hébreux. Donc les canonisateurs possibles étaient nombreux, mais les apôtres étaient toujours mis en tête de ligne (*I. Cor.* XII, 28 ; *Eph.* IV, 11). Toutefois parmi les apôtres il faut mettre les Douze à part, comme Paul le fait lui-même (*I. Cor.* XV, 1 seqq) dans le récit le plus ancien que nous ayions de la Résurrection du Sauveur : il y a d'abord Cephas-Pierre et les Douze ; puis viennent Jacques, et tous les apôtres : Jacques, parent du Seigneur, n'était pas identifié dans les premiers temps, comme il l'est aujourd'hui, avec Jacques fils d'Alphée, l'un des Douze. Donc les saints personnages évangéliques pouvaient faire pour le Nouveau Testament grec ce que les saints d'avant le Christ avaient fait pour l'Ancien Testament hébreu.

Le Nouveau Testament, il est vrai, n'a pas reçu une approbation du Christ pour sa canonisation, comme ce fut le cas de l'Ancien Testament. Mais, ceci est à bien remarquer, l'approbation, telle qu'elle a été donnée, ne faisait pas la canonisation, elle constatait qu'elle avait été bien faite. Or les motifs qui avaient fait canoniser l'Ancien Testament, ainsi que la science religieuse et la piété et la sainteté des personnages qui firent cette canonisation, tout cela est dépassé et immensément dépassé pour la canonisation du Nouveau Testament. Si la canonisation de l'Ancien Testament mérita au moins une fois l'approbation du Maître, la canonisation du Nouveau Testament mérite cette approbation plusieurs fois. Il y a cependant un point à éclaircir.

Nous avons plus haut regardé comme une approbation anticipée de la canonisation du Nouveau Testament l'ordre donné par le Christ à ses Apôtres, et par eux à leurs principaux disciples, d'enseigner partout et jusqu'à la fin des temps la doctrine religieuse qu'ils avaient reçue de lui-même (*Mat.* XXVIII, 19-20). A cela on peut nous objecter que le Sauveur n'a jamais commandé d'écrire, mais seulement de prêcher (*Mc* XVI, 15), et de fait chez les anciens le peuple ne pouvait être instruit que par la parole, car très généralement il ne savait pas lire. Cependant, les sentences et même beaucoup de faits du Sauveur ne pouvaient être reçus et conservés avec précision qu'à l'aide de l'écriture. Aussi saint Jean, dans son évangile écrit après les trois Synoptiques, nous avertit-il que Jésus a fait en présence de ses disciples beaucoup d'autres choses qui ne sont pas *écrites* dans son livre — le quatrième évangile — mais ce qui y est écrit suffit pour nous faire croire à la divinité du Christ et avoir ainsi la vie en lui (*Joh.* XX, 30-31). Il est à remarquer que Jean ne parle que des actions du Sauveur : à plus forte raison l'écriture est-elle nécessaire quand il s'agit de conserver des paroles. Nous voyons saint Paul employer l'écriture à propos d'un sujet qui devait être l'objet des prédications les plus fréquentes, nous voulons parler de la Résurrection du Christ. Dans *I. Cor.* (XV. 1 seqq.) il nous donne de ce fait capital, base de toute la croyance chrétienne positive, le récit le plus solide, le plus complet, le plus précis et le plus ancien que nous ayions : ce qui importe ici en effet, ce sont les témoins qui ont vu, leur nombre, et encore plus leur qualité; ici nous avons tout, nombre, qualités différentes dans trois sections distinctes, à intérêts nullement connexes, et laissant aux témoins leur indépendance. D'ailleurs quel motif autre que la vérité pouvait les faire parler? que pouvaient-ils attendre d'un crucifié qu'ils n'auraient pas vu ressuscité? Pierre et Jean, qui étaient des Douze, ont écrit chacun une belle Epître pleine de doctrine religieuse: ils ont été imités, mais avec un moindre ton, par les parents du Seigneur (*Mat.* XIII, 55), Jacques et Jude, qui ne faisaient pas partie des Douze. Paul, appelé spécialement par le Seigneur (*Gal.* 1, 15-16), prêchait et écrivait: il parlait devant les petits et aussi devant les grands, même devant le célèbre et redoutable tribunal de l'Aréopage (*Act.* XVII). Mais Paul écrivait aussi, et s'il nous est peu resté de ses discours, nous avons un admirable recueil de ses Lettres. Ces Lettres n'étaient pas adressées au peuple, qui ne savait pas lire et qui d'ailleurs ne les aurait pas comprises, eût-il su lire; elles allaient aux chefs des églises, choisis par Paul et chargés par lui d'expliquer aux fidèles sa doctrine. A ces chefs il ordonnait de garder le *bon dépôt* de la Révélation (II. Tim. I, 14); toutefois il avait fait précéder cette recommandation des paroles significatives : « Aie le modèle des paroles salutaires que tu as entendues de moi sur la foi et la charité dans le Christ Jésus ». Un tel langage suppose l'exposition de la doctrine évangélique non seulement par la parole mais aussi par l'écriture.

Concluons. En ordonnant à ses Apôtres de prêcher intégralement sa doctrine religieuse, par conséquent dogme et morale, chez tous les peuples et jusqu'à la fin des temps, le Christ leur recommandait équivalemment d'écrire, au moins lorsqu'il s'agissait de rapporter ses paroles et ses actes particuliers, et aussi, et même surtout, quand il est question de ce qui est à la fois immuable et transcendant dans le Grand Œuvre du Sauveur, dans l'établissement de l'Eglise catholique: nous avons nommé le Corps des Pasteurs et les moyens de sanctification, — Dogme, Morale et Sacrements, — mis entre leurs mains en faveur des fidèles. En tout ceci la simple parole ne conserverait pas avec une précision suffisante la pensée et les ordres du Maître. Une fois l'Eglise établie, son fonctionnement et sa marche externe se conservent d'eux-mêmes dans ce qu'ils ont d'essentiel. C'est cette manifestation extérieure de la vie de l'Eglise qui constitue principalement la Tradition ecclésiastique. Cette Tradition transmet, elle aussi, les vérités révélées, bien qu'avec moins de précision que l'écriture; ainsi on a toujours, aux enfants en péril de mort, dans l'âge le plus tendre, conféré le baptême, comme nécessaire pour qu'ils soient admis au ciel : on en conclut que, quoique destinés à l'état surnaturel, nous naissons privés de la grâce surnaturelle ; c'est ce qu'on appelle vulgairement le péché originel et il y aurait là matière d'un long traité de théologie.

On n'a jamais parlé d'inspiration à propos de la Tradition ; cependant, pour qu'elle ne dévie pas en tant que véhicule de la vérité révélée, il est besoin qu'intervienne une assistance du Saint-Esprit : c'est ce que, à Trente et au Vatican, on a indiqué en disant que les traditions, dont l'ensemble forme la Tradition, ont été reçues par les Apôtres *Spiritu Sancto dictante*. Le sens de ce dernier mot n'est pas *dicter*, mais conseiller, pousser et même commander. De fait, on ne dicte que des paroles, tandis qu'on conseille des actes, et même on les commande. L'Esprit-Saint poussa les premiers Envoyés du Christ à donner aux églises particulières une forme quasi naturelle, dès lors très souple, facile à conserver parmi les variations incessantes du milieu et des circonstances : cet ensemble de qualités permettait et permet encore à ces innombrables églises particulières de se grouper par degrés et de faire une Eglise universelle sous le Corps des Pasteurs, afin de réaliser sans contrainte la pensée du Christ.

En somme, ce qui avait produit pour l'Ancien Testament hébreu une canonisation acceptée par le Christ, et par suite irréprochable en son genre, tout cela s'est trouvé, mais à un degré beaucoup supérieur, pour la canonisation du Nouveau Testament : donc livre inspiré comme jamais aucun ne le fut.

Conduite des Apôtres à l'égard de l'Ancien Testament à texte seulement grec. L'essor de l'Evangile.

Nous avons déjà énuméré par leur nom les livres de l'Ancien Testament que nous n'avons que dans le texte grec, soit original soit version. Nous avons vu aussi que ces livres méritaient autant la canonisation que d'autres livres analogues inscrits déjà dans le Canon hébreu. Nous avons vu de plus qu'il n'y avait qu'un seul peuple juif au point de vue religieux, parlant araméen en Judée et dans les environs, et grec dans le reste de l'Empire romain, et que les Juifs de langue grecque étaient deux fois plus nombreux que les Juifs de langue araméenne : donc, considérable était l'action de la Bible grecque des LXX, lue dans les nombreuses Synagogues du monde gréco-romain. Les rapports étaient continus entre l'Israël de la Judée et l'Israël de la Dispersion pour lequel toutefois il n'y avait qu'une autorité religieuse, résidant à Jérusalem. Nous avons vu également que les raisons qui empêchaient la canonisation de nos livres en Judée ne tenaient en rien à la nature de ces livres, mais aux préjugés pharisaïques et même sadducéens qui n'étaient rien moins que respectables. Dans ces conditions, l'approbation du Christ pour la canonicité de la Bible à texte hébreu s'étendait à la Bible entière; pour que les LXX ne fussent pas compris dans cette approbation, il aurait fallu que le Sauveur fit des réserves.

Les Apôtres avaient d'ailleurs une science et une autorité religieuses suffisantes pour canoniser les textes grecs de l'Ancien Testament qui auraient pu en avoir besoin et, que cette canonisation fût nécessaire ou non, ils l'ont *équivalemment* faite en mettant les LXX aux mains des premiers fidèles, ainsi qu'on l'a déjà prouvé.

La canonisation de ces livres par les Apôtres n'en changeait pas la nature: elle les laissait livres de l'Ancien Testament et n'en faisait pas des livres de la Nouvelle Alliance, bien que parmi ces derniers on eût pu assigner une place à la Sagesse de Salomon et même à certaines pages de la Sagesse de Sirach.

Puisque les livres qui nous occupent étaient canonisables, une autre raison, et celle-là très impérieuse, aurait obligé les Apôtres à les déclarer canoniques si des doutes mal fondés avaient çà et là flotté sur leur inspiration ou canonicité. Les premiers évangélisateurs furent des Juifs de Judée, préparés par le Christ lui-même: c'étaient les Douze avant tous et au-dessus de tous; puis venaient les 72 (cf. *Lc.* X, 1 seqq.); c'étaient ensuite les 120, d'où l'on pouvait tirer des témoins de la vie, de la mort et de la résurrection du Sauveur, et d'où fut tiré comme tel Mathias (*Act.* I, 15 seqq.). Il y a lieu de mettre aussi parmi les disciples immédiats du Christ les 500 et plus dont parle saint Paul (*I. Cor.* XV, 6). Ces chiffres ne sont pas pour étonner, puisque saint Luc (XIX, 37) parle d'une foule de disciples accompagnant le Christ lors de son entrée triomphale à Jérusalem. Tous ces disciples, hésitants parfois durant la vie du Maître, lui furent définitivement attachés après sa Résurrection: il en fut de même pour ceux qui sont appelés les frères du Seigneur (*Joh.* VII, 5; *Act.* I, 14). Toutes ces âmes, qui avaient senti l'action du Christ encore mortel, brillèrent par la solidité de leur vertu et l'ardeur de leur zèle: il ne semble pas que l'Iscariote ait eu des compagnons. Toutefois l'action de cette élite, formée par le Maître, n'eut pas en Judée des résultats heureux en nombre, ni même surtout en qualité. La Palestine demeura juive et juive persécutrice de ceux qui s'étaient convertis au Christ. Ces derniers eux-mêmes, toujours mise à part l'élite formée par le Christ, étaient pour la plupart à la fois juifs et chrétiens et souvent beaucoup plus juifs que chrétiens : on aurait fermé l'Eglise à tous les païens si on avait suivi leur façon de voir. Il suffit de lire, pour s'en convaincre, *Act.* XIV, XV et *Gal.* II. Même quand Paul paraît devant le presbyterium entourant Jacques, ce qui occupe les esprits, ce ne sont pas tant les grands succès de Paul parmi les gentils que son accord avec la Loi de Moïse (cf. *Act.* XXI). L'élite formée par le Christ lui resta attachée, mais sortit peu de la Judée et n'eut pas l'idée d'évangéliser les païens; ainsi dispersés par la persécution qui tùa saint Etienne, les juifs convertis ne prêchèrent qu'aux Juifs de la Dispersion et nullement aux Gentils (*Act.* IX). Ce furent des Juifs de la Dispersion, Cyrénéens et Chypriotes, qui les premiers osèrent s'adresser aux Gentils à Antioche (*Act.* XI, 20). La prédication eut grand succès; Barnabé l'approuva au nom des Douze et la continua, puissamment aidé par Paul qui devint bientôt le grand apôtre, apôtre des Gentils. Ainsi fut lancé l'Evangile dans le monde gréco-romain, dont saint Pierre en baptisant le centurion Corneille avait donné les prémices à l'Eglise (*Act.* X). C'est dans ce monde surtout qu'elle devait se recruter.

Donc, vers l'an 50 de notre ère, l'Evangile prit un essor général et définitif hors de la Judée, où bientôt les chrétiens ne trouvèrent plus que des persécutions; ils y échappèrent en se cachant au-delà du Jourdain, protégés par les Romains; mais là ils s'étiolèrent, et au IVe siècle c'étaient, sous le nom de Nazaréens, etc., des avortons de chrétiens pour lesquels le Christ ne dépassait pas les anciens prophètes. C'est parmi les païens que l'Eglise devait se recruter, comme l'avait dit le Sauveur lui-même (*Mat.* VIII, 11-12; *Lc.* XIII, 28-29). Le monde de la Gentilité, surtout celui de l'Empire romain, avait été préparé à la réception de l'Evangile par les nombreuses synagogues des Juifs de la Dispersion. Dans ces juiveries ne régnait pas l'étroitesse pharisaïque de la Judée. Quelques-unes de ces réunions de Juifs, les plus importantes, en particulier celles d'Alexandrie et d'Ephèse, comptaient parmi leurs membres des esprits très cultivés, connaissant les lettres d'Israël et celles de la Grèce. Si quelques-uns, comme Philon, accordaient trop à ces dernières, d'autres savaient garder une juste mesure: tel l'auteur de la Sagesse de Salomon. D'après un passage déjà cité de l'historien Eusèbe, c'est poussé par ses disciples à Ephèse que saint Jean fit son évangile spirituel, œuvre hors de pair même dans le Nouveau Testament, parce que c'est l'œuvre du disciple bien-aimé, destinée à un groupe d'esprits de haute et de pieuse culture réunies. Même dans les juiveries moindres, l'Evangile, parti de la Judée, trouvait des aides pour pénétrer jusqu'aux âmes païennes. Ainsi le chef de la synagogue de Corinthe, Sosthène, qui devait être un certain personnage, est publiquement maltraité par les Juifs pour être devenu chrétien (*Act.* XVIII, 17) et Paul met le nom de Sosthène à côté du sien en tête de sa première Epître aux Corinthiens.

Beaucoup des disciples de Paul sont originaires de la Dispersion; nous en verrons ensuite d'origine païenne, dont Tite (*Gal.* II, 2) est le plus remarquable, mais il fallait commencer par les aides venus de la Dispersion. Or, dans la Dispersion, on ne lisait, comme Ecriture, que les LXX. Nous avons amplement montré que les LXX étaient la Bible de la plus grande partie d'Israël, laquelle vivait en pleine paix avec la partie qui ne lisait l'Ancien Testament qu'en hébreu. Nous avons vu aussi que l'approbation donnée par le Christ à la canonisation de l'Ancien Testament hébreu s'étendait à tout l'Ancien Testament grec. Enfin, comme le Corps des Pasteurs établi par le Sauveur avait et aura toujours une autorité ou capacité canonisante supérieure à celle des anciens Prophètes et des anciens Sages, les Apôtres ont pu suppléer ce qui aurait manqué à la canonisation des LXX ; c'est ce qu'ils ont fait, qu'il en fût besoin ou non, en mettant les LXX entre les mains des fidèles comme Bible à autorité religieuse absolue, et ce texte grec, traduit assez tôt en latin, a gardé son autorité en Occident jusque vers l'an 600, où il fut remplacé par la traduction latine qu'avait faite saint Jérôme de l'hébreu.

Des nombreuses pages qui précèdent il résulte que tout l'Ancien Testament, tant à texte hébreu qu'à texte seulement grec, est inspiré, et que le Nouveau Testament, texte uniquement grec, est inspiré aussi. Tout l'Ancien Testament ou Bible des LXX est hors de pair comme livre religieux, si on le compare aux livres religieux des autres peuples qui ont précédé Israël ou ont été ses contemporains : l'expérience a été faite avec l'extension la plus grande possible. La raison, éclairée et aiguisée par l'Evangile, nous a fait voir des imperfections dans l'Ancien Testament pour le dogme et la morale ; mais en datant largement les livres de l'Ancien Testament, ce qui est facile, nous avons vu ces imperfections s'atténuer, et même souvent disparaître tout à fait, à mesure qu'on approche du jour de l'Evangile. L'Ancien Testament complet, c'est-à-dire les LXX, nous fournit le tableau de l'éducation religieuse d'un petit peuple à qualités naturelles très ordinaires ; parti d'assez bas, il a marché sous la conduite des hommes de Dieu d'un pas parfois inégal, mais sans jamais reculer, et non seulement il est arrivé dans une élite jusqu'au seuil de l'Evangile, mais de plus il a fini par entrevoir ce que l'Evangile lui-même promet de plus haut à notre espèce : la Sagesse (VII, IX) annonce Jean (XIV). Tous les autres peuples, même les plus remarquables au point de vue naturel, ont stagné dans leurs grossières erreurs et fini dans une déchéance morale et religieuse complète. Les auteurs païens, même les plus recommandables, n'ont rien écrit, en matière religieuse et morale qui soit comparable aux belles pages de l'Ancien Testament : il n'y avait point en eux ce qui se trouvait dans les hommes de Dieu, auteurs de l'ancienne Bible.

Après ces remarques, inutile de s'étendre à propos du Nouveau Testament. Pris dans son ensemble, c'est un diamant tombé du ciel : l'Incarnation est la plus grande des œuvres divines et ne saurait être dépassée ; or le Nouveau Testament est un traité magistral de l'Incarnation et à ce titre il nous révèle la nature du Christ, sa place dans la Divinité, ses enseignements de paroles et d'exemples, et surtout l'autorité de l'Eglise catholique qui doit continuer jusqu'à la fin des temps son œuvre de rédemption et de salut éternel. Or jamais livre n'aura à traiter de matière plus haute. Puis, ce petit livre a été écrit par les envoyés immédiats du Sauveur, c'est-à-dire par les Douze, ou par Paul, ou par quelqu'un des LXXII (*Lc.* X, 1); ils l'ont écrit équivalemment sous l'ordre du Maître, et après avoir été remplis de l'Esprit qui procède du Père et que le Père leur envoya au nom du Fils qui le leur avait promis (*Joh.* XIV, 26, XV, 26; *Act.* 1, 5; II, 4). Jamais aucun des livres que nous possédons n'a été écrit dans un si merveilleux ensemble de circonstances.

Conclusion générale: Les deux Testaments sont inspirés.

IV

Remarques à propos de l'inspiration de la Bible.

Notre travail est achevé dans ce qu'il a de capital, qui est de montrer que l'Eglise a eu raison d'enseigner que la Bible est livre inspiré ou autorité religieuse absolument supérieure, s'imposant, quand elle est bien comprise, à tout esprit cultivé qui est en règle avec la Loi morale. Plus loin, en son lieu, on dira un mot sur les moyens à employer pour acquérir une bonne intelligence rationnelle des Ecritures. Les remarques ici annoncées forment un Appendice à notre travail et sont de deux espèces; les unes peuvent recevoir une réponse précise, et c'est par elles que nous commencerons; aux autres on ne peut répondre que par des probabilités: d'ailleurs, elles sont plutôt affaire de curiosité que d'utilité, et dès lors on les traitera le plus brièvement possible.

Les remarques de la première espèce porteront sur la *nature de l'inspiration,* sur son *étendue,* sur la manière dont elle *saisit* l'écrit inspiré et sur ses *effets* dans l'écrit qu'elle a saisi.

Nature de l'inspiration.

Il ne peut être question que de l'inspiration divine. Le mot vient de saint Paul, qui dit (*II. Tim.* III, 16): « Tout ce qui est Ecriture est divinement inspiré », texte dont nous ne pouvons pas nous servir dans ce travail, sous peine de prendre comme preuve ce qui est en question. Ce mot est assez obscur: il ne se trouve pas ailleurs dans la Bible, et il est plus que rare chez les profanes. D'ailleurs le souffle divin ne peut guère atteindre l'Écriture qu'en passant par l'hagiographe, et ce dernier, sous l'action divine, laisse dans son écrit quelque chose qui sent le divin. C'est ce qu'indique saint Paul quand il ajoute que l'Écriture, divinement inspirée, est utile pour enseigner, pour convaincre, pour corriger et pour former à la justice, afin que l'homme de Dieu soit accompli et préparé à toute bonne œuvre. Pour l'enseignement, nous verrons plus loin de quel enseignement il est question; par justice il faut entendre la grâce ou état surnaturel. En réalité il s'agit de faits d'ordre moral, religieux et surnaturel, que l'Ecriture a contribué, contribue encore et contribuera toujours à produire dans les âmes dociles à l'action divine. Il y a du mystère dans les effets de l'Ecriture sur nous, au moins dans le dernier, la justice : c'est donc de l'inconnu pour nous, et même de l'inconnaissable en cette vie.

Un passage de *II. Petr.* (I, 21) semble nous donner plus de lumière sur la nature de l'Inspiration. Nulle prophétie de l'Ecriture, y est-il dit, ne tient à la lumière propre de l'homme ni à sa volonté ; c'est poussés, — ou portés ou soutenus, — par (un effet de) l'Esprit-Saint qu'ont parlé les saints hommes de Dieu (ou venus de Dieu). D'après le contexte, la parole des hommes de Dieu est la parole écrite, c'est l'Ecriture, et toute l'Ecriture. Car toute page de l'Ecriture est prophéphétie au sens qu'a ce mot dans l'Ancien Testament, sens que lui conserve aussi le Nouveau Testament (cf. *I. Cor.* XII, XIII, XIV). Il y a des prophéties qui sont vision ; d'autres et en plus grand nombre ne sont que prédication. Quoi qu'il en soit, l'impulsion de l'Esprit n'est connue que de son auteur. On peut, on doit même se demander si cette impulsion sur les hagiographes est partout et toujours la même. L'infinie richesse du Tout-Puissant aime la variété dans la Nature ; la variété ne doit pas lui déplaire dans la Surnature : il est dit (*Hebr.* I, 1) que Dieu, après avoir parlé de *bien des manières* aux Patriarches, nous a enfin parlé par son Fils. D'ailleurs, les qualités et par suite les actions de l'Esprit sont multiformes ; dans la Sagesse toute-puissante et créatrice, qui à travers les générations établit des prophètes et des bien-aimés de Dieu, dans cette Sagesse donc se trouve un Esprit incréé comme Elle, auquel sont donnés au moins *vingt* qualificatifs (*Sap.* VII, 27 ; 22-23), et cet Esprit que le Sage prie Dieu de lui envoyer en même temps que la Sagesse (*ibid.* IX, 17), c'est l'Esprit-Saint.

Avant de quitter ce sujet, il y a lieu de se demander si l'hagiographe a conscience de son état d'inspiration. Comme l'inspiration est chose préternaturelle, et même supranaturelle jusqu'à un certain point, l'hagiographe ne peut pas en avoir conscience naturellement. La conscience de cet état ne saurait être qu'une faveur donnée d'en haut ; d'ailleurs elle n'est pas nécessaire à l'hagiographe pour qu'il compose un écrit inspiré. L'autorité canonisante et les motifs qui la guident sont, d'après ce qui a été amplement développé, distincts et indépendants de l'inspiration de l'hagiographe. Saint Paul a eu conscience de son inspiration (*I. Cor.* VII, 40 ; XIV, 37). Saint Jean paraît avoir été dans le même cas (*Joh.* XIX, 35). On ne peut rien dire des deux premiers évangélistes. Quant à saint Luc, il ne semble pas avoir été conscient de son inspiration (*Lc.* I, 1-4). On doit en dire autant de l'auteur de *II. Macch.* d'après la conclusion de son livre. Assez souvent dans les Prophètes postérieurs, on trouve l'expression : « Dieu m'a dit », suivie parfois de l'ordre d'écrire ce qui a été dit. Ici le prophète paraît avoir conscience qu'il est inspiré. On ne peut pas douter de cette conscience dans tous les cas ; mais il serait imprudent de l'affirmer sans exception. Les Hébreux, et tous les Anciens en étaient là, ne tenaient aucun compte des causes secondes, et arrivaient d'un bond à la cause première.

Avec une telle mentalité, propre aux hagiographes et à leur milieu, Dieu, bien que pris en général comme Auteur de grandes choses, pouvait être regardé aussi comme cause d'effets parfois assez vulgaires : c'est ainsi que dans la rivalité entre Agar et Sara, Dieu conseille à Abraham de sacrifier la servante (*Gen.* XXI, 9 seqq.). C'est, dirions-nous avec notre mentalité, faire intervenir Dieu dans une querelle de ménage. Au reste, le mode d'être de l'inspiration dans l'hagiographe est sans importance. Ce qui importe, ce sont les effets de l'inspiration sur l'œuvre de l'auteur inspiré : et c'est là ce qu'on va étudier.

Etendue de l'inspiration. La Bible est inspirée dans son entier.

L'inspiration s'étend à toute la Bible grecque, — dépassant de beaucoup la Bible hébraïque, — et à tout le Nouveau Testament grec : il suffit que les textes soient authentiques ; de ce chef n'est pas inspiré *I. Joh.* V, 7a, texte d'origine Priscillaniste. Au siècle dernier on parlait des *obiter dicta* comme pouvant n'être pas inspirés, mais cette manière de voir est périmée et avec raison, car pour les Pères et les Conciles tout ce qui est Ecriture, c'est-à-dire tout ce qui est dans la Bible et dans la Bible complète, est inspiré. Nous pourrions faire ici quelques remarques qui seront mieux placées ailleurs, à propos des différences énormes de textes dans les livres dont nous n'avons que la traduction : nous avons nommé Tobie et Judith dans les LXX.

Malgré la constance et la clarté de la Tradition en la présente matière, l'idée de faire dans les pages de l'Ancien Testament (c'est là surtout que se trouvaient les *obiter dicta*) des ilôts non inspirés tenait à une intelligence de l'Ecriture qui, heureusement, commence à disparaître. On croyait que tout ce qui est inspiré devait être positivement édifiant et maintenir dans la voie qui conduit à la vie éternelle : c'était forcer le beau texte de saint Paul (*II. Tim.* III, 16-17). Car c'est une règle élémentaire de critique, qu'il ne faut demander à un texte que le minimum de contenu et jamais le maximum. Le minimum est toujours renfermé dans le texte, le maximum pourrait ne pas y être.

Au reste, l'inspiration ne change pas la nature des choses contenues dans l'écrit inspiré : ce qui de sa nature est très édifiant ne devient pas meilleur parce que cela se trouve dans un écrit inspiré ; la question est de savoir si une page inspirée ne peut contenir que des récits pieux. Le Nouveau Testament, surtout les Evangiles, nous suggèreraient invinciblement cette idée, si nous n'avions pas d'autres écrits inspirés. Mais dans l'Ancien Testament, à côté des beaux récits de l'origine des choses, et surtout à côté de maintes pages des grands Prophètes et même des auteurs sapientiaux qui approchent de notre ère, on rencontre bien des morceaux dont le contenu est très ordinaire. Il suffit, pour s'en convaincre, de parcourir le Code sacerdotal — ancien et définitif rituel du Temple, — aujourd'hui bien distinct des trois autres classes de Documents dont est composé le Pentateuque: la manière d'immoler les victimes, de nettoyer l'autel, etc., pourraient tout aussi bien être décrites dans des pages non inspirées. Aussi cette partie rituelle de la Loi n'appartient-elle plus qu'à l'histoire depuis l'apparition de l'Evangile. La présence de l'inspiration dans les parties de l'Ancien Testament où elle nous semble déplacée tient à la manière libre de penser et d'enseigner de l'ancien Orient, non encore touché par l'esprit grec. Les livres de l'Ancien Testament écrits après la conquête d'Alexandre ne se permettent plus ces libertés, et partout gardent un ton également soutenu: la Sagesse de Sirach et surtout celle de Salomon en sont des exemples remarquables. Quoique les auteurs du Nouveau Testament, saint Luc excepté, soient sémites, leur esprit déjà assez teinté de mentalité grecque, et surtout l'excellence des matières traitées, leur font tenir partout un ton très élevé. On pourrait peut-être trouver à redire à l'Apocalypse, par exemple, pour ne citer qu'un texte, dans la description des sauterelles, qui figurent les armées Parthes menaçant l'empire de Rome (*Apoc.* IX). Mais de telles libertés et de tels détails sont propres au genre apocalyptique, dont l'œuvre de saint Jean réalise le mieux la forme littéraire.

Résumons-nous: l'inspiration s'étend à tout dans la Bible entière, même à des détails sans importance ou parfois plus que vulgaires: tel est le cas de Saül se couvrant les pieds dans la caverne d'Engaddi (*I. Sam.* XXIV, 4). Toutefois de même que, avec la marche des temps, les espérances messianiques et les vérités à croire ont été se précisant et les préceptes à observer ont été se perfectionnant, de même les détails peu dignes de se trouver dans un écrit inspiré ont été disparaissant.

Nous avons dit au début de ce chapitre que l'inspiration ne change pas la nature des matières contenues et exposées dans l'écrit inspiré et la chose va de soi; mais alors on est porté à se dire que l'inspiration est inutile. Cette difficulté, qui paraît fondée se résoudra d'elle-même dans la suite de ce travail.

Comment l'inspiration saisit-elle l'écrit inspiré ?

La Bible, dit saint Paul (XV, 4), est un livre d'enseignement religieux: et nous le disons d'après saint Paul, non parce que Paul était inspiré, mais parce qu'il était savant dans les Ecritures, ainsi qu'on l'a prouvé plus haut. L'Apôtre parle ainsi à propos de l'Ancien Testament, et nous avons vu que le Christ pensait de même, par sa manière d'alléguer aux Juifs l'autorité de l'Ancien Testament et d'en affirmer la solidité inébranlable (*Joh.* X, 34).

Ce que Paul, à la suite du Christ, dit de l'Ancien Testament après l'avoir cité (*Rom.* XV, 4), est vrai à plus forte raison s'il s'agit du Nouveau Testament. Dans le beau passage déjà cité (*II. Tim.*, III, 16-17), Paul ne parle que de l'utilité des Ecritures, et la première de ces utilités, c'est l'enseignement. Le mot employé ici « *didaskalia* » désigne, dans la langue grecque, l'enseignement soit profane soit religieux. Mais dans le Nouveau Testament ce mot n'indique jamais, d'après le contexte, que l'enseignement religieux. Parfois cet enseignement religieux est répréhensible : tel celui des Pharisiens (cf. *Mat.* XV ; *Mc.* VII) ; alors il est sévèrement blâmé. Il en est de même pour l'enseignement des hérétiques, variant selon le caprice des hommes (*Eph.* IV, 14). Tous ces textes indiquent clairement que l'Ancien et le Nouveau Testament, ce dernier plus encore, sont des livres d'enseignement religieux, digne de ce qualificatif. Le texte de l'Epître aux Romains (XV, 4) est encore plus précis : il date au plus tard de l'an 58 de notre ère, donc d'une époque où le Nouveau Testament n'existait pas, si ce n'est par quelques Lettres de Paul et peut-être quelques fragments de la catéchèse primitive, la meilleure des sources de nos trois Synoptiques. Il est dit dans ce texte : « Tout ce qui a été écrit avant nous (donc l'Ancien Testament) a été écrit pour notre enseignement (religieux, ainsi qu'il a été prouvé), afin que par la patience et la consolation (ou l'exhortation) des Ecritures nous ayions l'espérance », l'espérance des enfants de Dieu (*ibid.* V, 2). Les mots de l'original grec, *graphein* et *graphé* (écrire, écriture), étaient techniques pour les Juifs de la Dispersion auxquels saint Paul appartenait d'une certaine manière : ces mots indiquent l'acte d'écrire un livre inspiré, et le livre inspiré lui-même. De tout cela il résulte que l'inspiration est accordée à l'hagiographe dans le but de lui faire donner par écrit un enseignement religieux digne de ce nom. Ceci va nous permettre, non de connaître la nature mystérieuse de l'inspiration, mais son utilité incontestable et ses effets sur les écrits inspirés. Le titre suivant va nous l'apprendre.

Effets de l'inspiration sur l'écrit inspiré. Distinctions à faire à propos du contenu de l'Ecriture. L'esprit est multiforme dans ses actions.

Parce que les Livres Saints nous enseignent des vérités qui n'ont été connues, ou même qui ne peuvent être connues, que par la Révélation surnaturelle, les personnes peu familières avec les matières théologiques identifient facilement l'Inspiration et la Révélation. Or, l'Inspiration n'apprend pas à l'hagiographe ce qu'il a à écrire, elle suppose qu'il le connaît de par ailleurs. Cette connaissance lui vient de la raison pour l'existence de Dieu, l'obligation de la Loi morale naturelle et l'immortalité de l'âme; il la reçoit de la Révélation, s'il s'agit de la Trinité, de l'Incarnation, de la Grâce et des Sacrements ainsi que de la constitution interne ou *spirituelle* de l'Eglise. Un point important, aujourd'hui démontré par la raison, n'a été connu que par la Bible et encore par étapes: c'est l'origine du monde, procédant de Dieu par voie de création, dont la définition classique n'est donnée que dans *II. Macch.* (VII, 28). En laissant de côté les panthéismes de l'Inde et les polythéismes grossiers de l'Orient et de l'Egypte, et en nous bornant au monde gréco-romain, pour les Stoïciens, Dieu est le monde, grand corps animé d'où sortent et où retournent tous les êtres; pour les deux puissants penseurs qui ont nom Platon et Aristote, le monde existant par lui-même est, sans qu'ils le veuillent, un dieu moindre à côté du grand dieu dont il est indépendant, dont il limite la puissance, et que dès lors il empêche d'être le Dieu véritable. La Révélation a ainsi transformé toute la philosophie, surtout la philosophie morale, en transformant un problème que nous n'avons pas su résoudre en un théorème que nous savons démontrer.

Donc l'inspiration ne donne pas, mais suppose des connaissances acquises de par ailleurs: saint Luc paraît les tenir de l'étude, saint Paul dans bien des cas, ne peut les tenir que de la Révélation, et il ne le cache pas (cf. *I. Cor.* II). Saint Jean avait reposé sur la poitrine du Maître. Même dans l'Ancien Testament, celui qui dans la seconde partie d'Isaïe a tracé d'avance le portrait du grand Serviteur de Iahvéh, du vrai Messie spirituel, celui-là avait été éclairé d'en haut; il faut en dire autant de celui qui aux débuts de la Genèse fait créer le premier couple humain à l'image et à la ressemblance de Dieu ; de même pour Jérémie qui fait écrire la Loi divine non plus sur les tables de pierre, mais dans les cœurs; de même encore pour Ezéchiel, qui va jusqu'à dire que Iahvéh mettra son Esprit en nous: en langue de l'Evangile c'est dire que nous ne serons pas seulement destinés à l'état surnaturel, mais que nous y serons réellement élevés. Voilà un ensemble de données qui ne peuvent venir que de la Révélation.

Quel est donc le but et quelle est l'utilité de l'inspiration ? Nous avons vu que d'après saint Paul le but de l'inspiration était de faire produire par l'hagiographe un livre d'enseignement religieux. Un esprit pointilleux pourrait nous faire des difficultés sur l'autorité de Paul; mais le Christ, dont l'autorité est inattaquable, n'a employé l'Ecriture, ainsi qu'on l'a montré plus haut, que pour l'enseignement religieux, le seul d'ailleurs qu'il soit venu donner aux hommes. Or, un enseignement religieux suffisamment complet contient trois ordres de matières: un exposé de la Loi morale, les raisons ou motifs qui nous imposent cette Loi, enfin les moyens, qui peuvent nous aider à l'observer. La Loi morale convenablement observée produit en nous et par nous, avec l'aide d'en haut, la perfection qui nous est propre et nous est requise, parce qu'elle réalise en nous le type d'après lequel nous avons été lancés dans l'existence. Or, en dehors des Livres inspirés et de ceux qui en tirent leur origine, la plupart des devoirs, parfois même élémentaires, envers la Divinité, envers soi-même et envers ses semblables, étaient ignorés: on honorait Dieu comme on le connaissait; les passions étaient la règle de l'homme vis-à-vis de lui-même; la charité n'était pas connue à l'égard d'autrui, et l'esclavage étendu à l'immense majorité de notre espèce était une violation de la Justice en ce qu'elle a de plus sacré. La Loi morale, la Loi qui découle de notre être, cette Loi vénérable entre toutes et modèle de toutes les autres lois, cette loi, dis-je, ainsi mal comprise et ainsi mal observée ne choquait personne: on compterait facilement les voix qui protestaient contre cette manière de vivre de notre espèce, qui alors, à l'exception d'une faible élite en Israël, était presque totalement amorale. La raison de ce triste état moral de l'humanité, c'est qu'elle ne connaissait pas les motifs qui imposent la Loi morale: ces motifs sont absolus et dérivent de Dieu Créateur, de Dieu Rédempteur et de Dieu Rémunérateur, Juste et Tout-Puissant, titres divins qui n'étaient un peu connus qu'en Israël. Quant aux moyens qui nous aident dans l'accomplissement des préceptes moraux et qui sont aujourd'hui le Sacrifice, les Sacrements et la prière, les deux premiers n'existaient pas avant le Christ et la prière ne demandait ni secours moral, ni secours surnaturel, choses inconnues alors.

Or les livres de la Bible, complétés par la Tradition, qui trouve en eux la base de ses points principaux, nous enseignent avec précision, lorsqu'ils sont bien compris, ce que nous devons faire, pourquoi nous le devons faire et quels moyens employer pour le faire. Il n'y a pas que précision ici, il y a sûreté totale, parce que l'autorité du Christ a approuvé l'œuvre des hommes de Dieu dans l'Ancien Testament, au besoin la mettant au niveau de l'Evangile, si elle n'y était pas encore arrivée comme c'était le cas pour la loi du divorce, et parce que cette même autorité a été laissée à des ministres plus capables encore que les premiers pour approuver le Livre qui contient, comme source principale, l'enseignement religieux parfait et définitif donné par Dieu aux hommes.

Il y a donc un double élément dans l'Ecriture: l'un intérieur, qui fait qu'elle est inspirée ou composée sous l'impulsion de l'Esprit-Saint, d'après des textes déjà cités; l'autre extérieur à l'écrit inspiré: c'est l'approbation par une autorité capable de constater l'action de l'Esprit dans un écrit officiel d'enseignement religieux. Cette autorité est pour les deux Testaments l'autorité du Christ Homme-Dieu. Ni Dieu-Trinité, ni le Christ-Dieu n'ont tracé la moindre syllabe des Ecritures; ils en sont cependant, d'après les trois derniers Conciles généraux, — Florence, Trente, Vatican — les auteurs, c'est-à-dire les auteurs responsables; mais ils ne répondent que de ce qui appartient à l'enseignement religieux, pour en garantir la vérité et la piété.

Cette même distinction à propos du contenu des Ecritures se trouve dans l'Encyclique *Providentissimus Deus,* publiée en 1893 par Léon XIII. Dans cette pièce, qui ne contient d'ailleurs que des directions et non des définitions, il est dit d'abord que l'Ecriture est vérité absolue parce que Dieu, qui est vérité absolue, en est auteur responsable; mais on a soin d'ajouter plus tard que, en matière de sciences et d'histoire profane, l'Ecriture parle comme parlait tout le monde à l'époque où ses différents livres étaient composés: à quoi bon, en effet, une aide spéciale de l'Esprit-Saint en des matières qui ne touchent en rien ni à notre perfection morale ni à notre salut éternel? Ici le guide de l'hagiographe, l'Esprit-Saint, laisse passer des détails indifférents, qui ne sont ni mauvais, ni même inconvenants, au moins pour l'époque. Ceci rappelle le fait de Loth donnant un enfant à chacune de ses filles après avoir été enivré par elles : énormité qui est racontée (*Gen.* XIX) sans le moindre blâme. Ces deux enfants étaient Moab et Ammon, pères des Moabites et des Ammonites, les uns et les autres pillards incorrigibles, dont on se vengeait en flétrissant leur origine par une histoire inventée de toutes pièces. Loth en effet est bien traité dans l'Ancien Testament, apparenté qu'il est avec Abraham, lequel le délivre de la main des cinq rois (*Gen.* XII, XIII, XIV); la Sagesse (XIX, 17) l'appelle juste, et ce qualificatif lui est appliqué trois fois dans le Nouveau Testament (*II. Petr.* II, 7-8). Jamais l'Ancien et le Nouveau Testament n'auraient loué Loth comme ils le font, s'il fallait prendre à la lettre ce qui est dit de lui dans *Gen.* XIX: il faut avouer néanmoins qu'on a pris une liberté un peu grande à l'égard du juste Loth. Un autre passage est corrigé plus énergiquement parce que Dieu était en cause: dans *II. Sam.* XXIV, 1, Iahvéh pousse David à dénombrer Israël, puis il le punit pour l'avoir fait; l'auteur des Chroniques en a été choqué, non sans raison, et il fait pousser David par Satan (*I. Chron.* XXI, 1). Ce qui est dit dans Isaïe VI, 9-10 serait aussi une énormité, si on le prenait à la lettre: le prophète aurait ordre de nous rendre incapables de conversion et par suite de pardon. Cette manière de parler, inacceptable pour nous, tient à l'idée que les Hébreux avaient de la causalité. On ne peut pas traiter ici cette question, ce serait un chapitre de métaphysique à écrire; mais les LXX n'ont pas supporté cette façon de penser, et ont exprimé en mentalité grecque, qui est la nôtre, le morceau d'Isaïe qui nous occupe. Les Evangiles se sont trouvés tous en contact avec notre passage à propos de la parabole de la semence: *Mat.* XIII a suivi les LXX; les trois autres ont suivi l'hébreu: *Mc.* IV a cité l'hébreu en entier; *Joh.* XII a même amplifié la citation; *Lc.* VIII n'en a donné que le commencement, sa mentalité grecque l'empêchant d'aller plus loin.

De ce qui vient d'être dit, il résulte que l'inspiration n'apprend point à l'hagiographe ce qu'il doit enseigner, mais qu'elle le préserve d'erreur et d'inconvenance dans son enseignement. Ce point, malgré son importance, n'est guère que négatif; or les textes déjà cités (*II. Tim.*

III. 16-17; *II. Petr.* I, 21), tirés de livres dont l'inspiration a été prouvée, indiquent que l'écrivain sacrée est poussée dans son travail, et qu'il n'est pas seulement préservé de chute ou d'égarement et ensuite laissé à lui-même. Car, si l'inspiration ne laissait l'hagiographe qu'à lui-même, il serait difficile de dire avec les trois derniers Conciles généraux (1) que Dieu est l'Auteur des Ecritures.

Mais a-t-on le droit de dire, comme on le fait très souvent, que, pour que cette appellation soit vérifiée, il faut que Dieu ait suggéré toutes les pensées de l'écrit inspiré, et même jusqu'à un certain point tous les mots qui les expriment? Les passages sur Loth et autres cités ci-dessus nous obligent d'être assez réservés dans notre réponse. Remarquons que dans toutes nos actions Dieu est agent principal et que nous ne sommes qu'agents seconds, quoique responsables; la causalité divine ne manque qu'en ce qu'il y a de déficient dans notre acte, c'est-à-dire en ce qu'il a de contraire à la Loi morale. Quand il s'agit de Dieu Auteur des Ecritures, nous sommes dans un cas tout à fait particulier, où peut se trouver une action *spéciale* de Dieu, mais suivant que Dieu le veut et selon la mesure d'après laquelle il le veut. D'un mot (le mot Auteur), dont on tire une preuve, il ne faut jamais prendre tout le contenu. Ainsi, le Pape donne un plan pour ses Bulles dogmatiques, en examine l'exécution et finit par l'accepter; malgré tout il n'en est pas moins lui seul l'Auteur des dites Bulles. L'expression grecque « *pneumati agiô pherestai* » peut signifier, soit être poussé, soit être soutenu par l'Esprit-Saint: l'*impulsion* et même *le soutien* supposent toujours une certaine *direction*. Or, quoique toujours puissant, le souffle divin qui fait que l'Ecriture est *theopneustos* — inspirée par Dieu — peut, ainsi qu'on l'a suggéré, avoir des degrés. Dans les matières d'ordre surnaturel (Trinité, Incarnation, Grâce, Sacrifice, Sacrements, perfection intérieure de l'âme juste, Constitution spirituelle de l'Eglise, etc.) non seulement les pensées ont été mystérieusement suggérées, mais maintes fois les *mots* eux-mêmes. Ces matières si élevées en elles-mêmes, et alors tout à fait nouvelles sur notre terre, nouvelles au moins comme la splendeur du soleil relativement aux lueurs de l'aurore, ces matières, disons-nous, sont saisies dans le Nouveau Testament avec une maîtrise dans la pensée et une propriété dans l'expression, dont étaient naturellement incapables non seulement les Douze, mais Paul lui-même, car sa culture d'esprit, bien que très soignée, n'était pas encore, avant le voyage à Damas, sortie des ombres de l'Ancien Testament. Quel chrétien aujourd'hui, parmi les plus instruits et les plus pieux, pourrait nous écrire une Epître de Paul et surtout un de nos Evangiles, je ne dis pas l'Evangile johannique, mais seulement un des trois Synoptiques? Ici une seconde fois nous touchons à pleines mains les effets réels de l'inspiration, et par suite la réalité mystérieuse de l'Inspiration elle-même. L'Ancien Tes-

(1) Florence, Trente et Vatican.

tament dépasse en vérité et en piété tous les livres religieux qui ont précédé notre ère; la comparaison n'est même pas possible entre l'ancienne Bible et tous les livres religieux qui lui sont étrangers; cependant nous avons trouvé des améliorations et même des corrections à faire dans cette ancienne Bible. Mais le Nouveau Testament, qui raconte l'Incarnation, la plus grande des Œuvres que Dieu ait faites et même qu'il puisse faire, est le livre religieux parfait; il ne saurait être dépassé, ni même égalé, car si absolument parlant, plusieurs Incarnations ou leur équivalent sont possibles, de fait une seule a été réalisée, et elle est suffisante et au-delà pour sanctifier et sauver tous les Mondes de l'ordre moral, soit terrestres, s'il en existe d'autres que le nôtre dans l'Univers visible, soit célestes et invisibles pour nous (cf. *Col.* I, 19-20).

On pensera peut-être que nous exagérons la valeur du Nouveau Testament et oublions que sa langue est loin d'être parfaite. La réponse est facile: pour nous le Nouveau Testament n'est parfait que comme livre religieux, mais comme la matière religieuse, doublée de Surnaturel, est supérieure à toutes les autres, il en résulte que le Nouveau Testament tient une place à part entre tous les livres existants et même possibles. La forme du Nouveau Testament n'est pas classique, mais elle est simple, et présente à l'esprit la vérité divine dans toute sa pureté. Ici les formes savantes et toujours un peu compliquées des classiques seraient plutôt nuisibles qu'utiles: en distrayant l'esprit elles jetteraient comme une sorte de voile sur l'éclat de la vérité donnée d'en haut. Au reste, les auteurs Néo-testamentaires n'étaient pas, comme on le disait il n'y a pas encore longtemps, des esprits presque frustes; les papyri grecs d'Egypte, collectionnés et étudiés depuis près d'un demi-siècle, nous font connaître le style d'hommes de toutes les conditions. Or les auteurs du Nouveau Testament sont de la classe des gens à esprit cultivé, leur grec est très acceptable; des réserves seraient à faire quelque peu pour saint Marc et surtout pour saint Paul; mais Marc dépasse les autres évangélistes dans la précision des récits, et quant à Paul, la richesse, la variété et souvent l'envolée de la pensée empêchent de songer aux défectuosités de la forme.

Finissons ce titre important par une remarque qui a aussi son importance, car il s'agit des versions de l'Ecriture; or, à l'exception, pour l'Eglise grecque, du Nouveau Testament et des parties de l'Ancien Testament que nous n'avons qu'en grec, dans toutes les autres églises chrétiennes l'Ecriture ne se lit que dans des versions. Nous n'avons pas à parler ici de leur origine, nous contentant de signaler celles qui ont eu et ont encore le plus d'autorité dans l'Eglise, c'est-à-dire les LXX, la Vulgate latine et la Peschita ou Vulgate syriaque. La première, qui est la Bible apostolique, ainsi qu'il a été déjà prouvé, est plus ancienne que le texte hébreu actuel, marche de pair avec lui, et maintes fois suppose devant les traducteurs un texte hébreu différent du nôtre et parfois meilleur. Cette vénérable version, qui a été lue en latin en Occident jusque vers 600, où elle fut remplacée par la version hiéronymienne, ainsi que nous l'avons vu, nous permet de nous faire une idée vraie, quoique incomplète, de la composition littéraire de l'Ancien Testament, contraire à toutes les fables rabbiniques qui ont eu cours sur ce sujet presque jusqu'à notre époque. La version de saint Jérôme, notre Vulgate latine actuelle, a traduit à très peu de choses près le texte hébreu que nous possédons ; le latin en est excellent, il sent la plume de Jérôme, il pourrait serrer le texte original de plus près, mais il le serre déjà de près, vu son époque. C'est la meilleure des versions anciennes, mais elle ne connaît pas la précision des traductions actuelles. La Peschita a été faite sur l'hébreu, mais elle a été influencée par les LXX, dont l'autorité était aux premiers temps dominante dans toutes les églises.

L'existence des versions de l'Ecriture nous porte à nous demander si les mots sont inspirés. Une réponse affirmative s'impose pour le texte original, parce que les idées ne peuvent pas être exprimées par écrit sans des mots ; toutefois, les idées sont inspirées pour elles-mêmes et les mots ne sont inspirés que pour les idées qu'ils expriment. Les mots ne sont donc pas inspirés dans les versions. Le but de l'Ecriture n'en est pas moins atteint, si les idées de l'original se trouvent dans la version, au moins dans un ensemble suffisant, quelques détails feraient-ils défaut : il ne peut être question des nuances de l'original ; les versions sont à peu près toujours incapables de les rendre. Donc, quoique l'original, authentique et suffisamment conservé, prime la meilleure des versions, ces dernières cependant, pourvu qu'elles soient de bonne valeur moyenne, permettent d'atteindre le but de l'Ecriture, qui est l'enseignement religieux, ainsi qu'il a été déjà prouvé. L'emploi des versions est même le seul moyen pratique d'obtenir partout l'enseignement religieux, ce qui explique son emploi jusqu'ici constant et universel et ce qui durera jusqu'à la fin des temps, imposé que ce sera par la nature des choses.

V

Remarques à propos desquelles on ne peut donner que du probable.

Cette dernière section du présent travail pourrait comprendre un certain nombre de questions, mais beaucoup seraient sans importance. Nous nous bornerons donc aux questions suivantes :

A) La canonisation des livres de l'Ancien et du Nouveau Testament s'est-elle faite par un choix entre plusieurs écrits d'enseignement religieux ?

B) Pourquoi n'y a-t-il eu des écrits inspirés ou Ecritures que depuis Moïse jusqu'à la fin de l'époque apostolique ?

C) N'existe-t-il pas encore et n'éxistera-t-il pas toujours dans l'Eglise l'équivalent de l'Inspiration ?

A) La canonisation des livres bibliques a-t-elle été faite par un choix entre plusieurs écrits d'enseignement religieux ?

Ce qui porte l'esprit à se poser cette question c'est ce qui est dit dans les Chroniques et a été cité plus haut à propos des mémoires (en hébreu *Midrasch*, c'est-à-dire recherches) d'Ido, et des mémoires ou commentaires sur les livres des Rois. Les chapitres XIV et XV d'Isaïe contiennent un vieux chant contre Moab, chant retouché par le Prophète et appelé dans son verset final *ancienne parole de Iahvéh;* le livre du Iaschar, cité à propos de l'arrêt du soleil par Josué, nous a conservé la belle élégie de David sur Saül et Jonathas; on pourrait allonger ces indications: ainsi le cantique sur le passage de la mer Rouge suppose Israël non seulement établi en Palestine, mais encore avec Jérusalem pour capitale et le Temple bâti. On pourrait en dire presque autant des bénédictions de Jacob à ses fils sur son lit de mort (*Gen.* XLIX). Il n'y a pas longtemps encore, on expliquait toutes ces précisions sur l'avenir par l'esprit prophétique qui animait l'hagiographe; mais il ne faut pas multiplier les miracles sans nécessité. On pourrait augmenter la liste de morceaux analogues, plusieurs de belle forme et tous de ton biblique acceptable, mais non comparables aux pages des grands prophètes quand ils parlent de Dieu ou des espérances spirituelles d'Israël. Les morceaux indiqués et autres semblables pouvaient être inspirés, et alors ce ne sont que des parties du précieux recueil qu'est l'Ancien Testament. Mais ces mêmes morceaux pouvaient ne pas être inspirés, car leur valeur religieuse n'est qu'ordinaire, et alors l'inspiration leur vient de leur admission dans le recueil sacré: la chose n'est pas impossible, puisque saint Paul fait siens deux vers d'auteurs profanes, l'un vers iambique de Ménandre (*I. Cor.* XV, 33), et l'autre hexamètre d'Epiménide (*Tit.* I, 1). Le premier de ces vers est une bonne maxime morale, et l'autre est une appréciation des Crétois qui n'est pas à leur éloge. Voilà des faits assez peu d'accord avec les pieuses exagérations qui feraient presque souffler les mots à l'oreille de l'hagiographe par la divine Colombe: ceci a sa place dans l'imagerie. Dans la réalité, l'Esprit est multiforme en ses actions; il n'est pas soumis à des règles, il est lui-même la Règle souveraine.

Mais c'est surtout le Nouveau Testament qui nous pose la question de savoir si la canonisation des différentes parties de cet incomparable recueil s'est faite par choix entre divers écrits d'origine apostolique, dont plusieurs nous ont laissé des restes, ou si ces restes ne sont que les débris de pâles imitations de nos livres néo-testamentaires. Voici les raisons qui donnent un certain poids à la première de ces suppositions, à la canonisation par choix, sans cependant la sortir de la probabilité.

D'après le troisième Evangile (*Lc.* I, 1-4), après la ruine de Jérusalem vers les environs de 80, beaucoup d'essais, c'est-à-dire beaucoup d'écrits, avaient été composés sur le Christ, sur ses œuvres et leur suite, et les sources de ces écrits étaient excellentes: c'étaient les dires de témoins oculaires qui avaient été aussi ministres de la parole ou prédicateurs de l'Evangile. D'après le texte grec, ces témoins étaient déjà morts quand saint Luc écrivait, mais ils avaient toutes chances d'être encore en vie, alors que s'écrivaient les essais dont saint Luc s'est servi pour composer son Evangile. Or ces essais pouvaient être de toute longueur. Le bel épisode de la femme adultère, qui a contre sa place dans le quatrième Evangile la tradition des manuscrits et a un caractère tout synoptique, pourrait bien être un de ces essais. On pourrait peut-être en dire autant de *Mc.* XVI, 9-20, qui manque dans plusieurs des manuscrits anciens, mais non pas dans tous. Mais voici chose beaucoup plus importante : parmi les essais de Luc se trouvait Marc, dont Luc a copié les récits presque textuellement et que Matthieu a fortement abrégé ; c'est ce que suggère invinciblement la lecture d'une concordance des trois synoptiques (1). Pour les paroles du Seigneur, le premier et le troisième synoptiques ont pour source les *logia* de saint Matthieu, écrits en araméen et qu'on traduisit en grec comme on en fut capable.

En dehors du Nouveau Testament, nous avons le fragment de Muratori, écrit non loin de Rome vers 170. Ce document, qui n'a rien d'officiel, paraît mettre sur le même rang l'Apocalypse de Jean et celle de Pierre. Il existait un évangile de Pierre dont on a trouvé un fragment qui n'est nullement méprisable. L'évangile de Pierre n'a jamais été lu dans l'Eglise universelle, de même que quelques autres dont nous n'avons guère que les titres. Peut-être ont-ils été lus dans des églises particulières ; ainsi le Pasteur d'Hermas est appelé Ecriture à Alexandrie, tandis que le Fragment de Muratori ne voit dans Hermas ni un prophète ni un apôtre. En somme, ce qui étonne c'est que saint Luc ait mis le second Evangile parmi les nombreux essais qui ont précédé le sien. Marc n'était donc pas encore canonisé, ou plutôt ne l'était pas partout. De fait, d'après Jean l'Ancien cité par Papias (*Eusèb. H. E.* lib. III, c. 39), Marc était attaqué en Asie (romaine) parce qu'on lui préférait un autre ordre, probablement celui du quatrième Evangile. Luc lui-même pensait-il que son livre serait canonisé ? Ce qui paraît plus probable en ce qui concerne l'acceptation exclusive de nos quatre Evangiles dans l'Eglise, ce sont les faits suivants.

Nos quatre Evangiles canoniques ont été écrits moins pour la contrée particulière, propre à chacun des auteurs, que pour un groupe plus ou moins spécial de lecteurs. Le premier semble avoir été écrit pour les convertis de la Dispersion, car les citations de l'Ancien Testament sont abondantes, tant au sens figuré qu'au sens littéral : c'est ce qui plaisait aux Juifs à l'époque de la venue du Christ. Marc, d'après maints témoignages rapportés par l'historien Eusèbe, aurait écrit pour les Romains et à leur demande. Saint Luc, en adressant ses deux livres (Evangile et Actes) à Théophile, qu'il traite de *kratistos*, qualificatif qui ne se donnait pas à un Juif, indique qu'il écrivait pour des convertis de la gentilité. Son Evangile a un caractère assez général d'histoire, de même que ses Actes, sans que l'enseignement religieux cesse d'en être le but principal. Saint Luc a pu recevoir, sur la conception virginale du Christ, des renseignements par les saintes femmes qui accompagnaient le Sauveur et avaient naturellement des rapports avec sa mère (cf. *Lc.* VIII, 1-3). Le quatrième Evangile, comme nous l'avons déjà montré, a été écrit pour un groupe

(1) Cf. la *Synopsis de Wright* (1903).

particulier de disciples judéo-grecs distingués, ce qui explique son ton beaucoup plus élevé que celui des trois Synoptiques, écrits pour des gens capables seulement d'une instruction religieuse ordinaire. Dans un passage déjà cité d'Eusèbe, il est dit que les Synoptiques montrent les choses corporelles du Seigneur, mais que Jean, écrivant le dernier, fit un évangile spirituel. Durant sa longue vie, saint Jean médita certainement sur les actions et les paroles du Maître; mais le Maître, qui aux foules parlait en paraboles pour se mettre à leur portée, expliquait tout à part à ses disciples (cf. *Mc.* IV, 33-34). Le vieil apôtre, seul survivant des Douze, a dû puiser dans ses précieux souvenirs afin de faire un livre à la portée de ses lecteurs immédiats, que nous avons vu être des esprits très cultivés; la postérité profite et profitera toujours de ce sublime écrit.

Comme il a été déjà dit, le contenu de nos quatre Evangiles les rendait canonisables plus qu'aucune des parties de l'Ancien Testament, toutes acceptées canoniques par le Christ. Une grande autorité extérieure, comme autrefois celle des Prophètes et des Sages, était cependant nécessaire pour que les simples fidèles, alors tout à fait illettrés, reçussent ces livres avec le respect qu'ils méritent. L'autorité de saint Jean accréditait pleinement son Evangile ainsi que ses Epîtres et son Apocalypse. Saint Luc avait, pour recommander son Evangile et le livre des Actes, la grande autorité de Paul, qui le nomme maintes fois dans ses Lettres, et avec lequel il avait longtemps vécu, comme on le voit dans les Actes. Le contenu des Lettres du même Paul et sa grande autorité étaient de nature à les canoniser: l'apostolat de la gentilité lui avait été commis, comme à Pierre celui de la circoncision (*Gal.* II, 7). Aussi ses Lettres sont-elles appelées Ecritures dès le début du IIe siècle dans *II. Petr.* III, 10. La belle Lettre aux Hébreux a un ton qui ne permet pas de l'attribuer à Paul, quoi qu'elle soit de l'époque (puisque le Temple était encore debout, IX, 6, 25 mais dans l'original grec) et apparentée au cercle de Paul (*ibid.* XIII, 23). Cette lettre a marché au moins à Alexandrie avec le rouleau des Epîtres de Paul et elle a été ainsi patronnée par l'autorité du grand Evangélisateur.

Le deuxième Evangile a profité de la grande autorité du Prince des Apôtres, qui appelle Marc son fils à la fin de sa première Lettre, laquelle à cause de son excellent contenu et du nom de son auteur a été toujours reçue comme Ecriture. Dans le Nouveau Testament le prestige du nom de Pierre a donné lieu à un pseudépigraphe, comme dans l'Ancien Testament l'avaient fait les noms de David et de Salomon: la Lettre dite deuxième Epître de saint Pierre est comptée parmi les Ecritures par saint Jérôme, bien qu'il dise que la plupart nient qu'elle soit de Pierre, négation bien fondée, mais que nous n'avons pas à justifier ici.

Le premier des Synoptiques n'a pas pour auteur saint Matthieu, qui n'a écrit que les logia ou paroles du Seigneur d'après Eusèbe (*H. E.*

L. III, 39). De plus, Matthieu résume en général Marc pour les récits, ce que n'aurait pas fait un compagnon habituel du Christ; d'autres indices en font reculer la rédaction entre 80 et 100. Cela n'empêche pas notre premier Evangile d'être le plus populaire des quatre et le meilleur des trois Synoptiques: il réduit au nécessaire les récits un peu longs de saint Marc, copiés presque tels quels par saint Luc, et met à leur place les paroles du Seigneur: c'est le choix le plus abondant des logia ou oracles rédigés par saint Matthieu avant nos Evangiles, et c'est probablement ce qui a fait attribuer notre Evangile à saint Matthieu. Ses principales sources historiques, les récits de Marc et les logia de Matthieu, sont excellentes.

La Lettre de Jude est connue du Muratorianum, et celle de Jacques est citée dans le Pasteur: saint Jacques et saint Jude étaient parents du Seigneur (*Mat.* XIII, 55). On conteste moins le titre d'Ecriture à ces Lettres que le nom de leur auteur: il y avait au moins deux Jacques et deux Judes qui auraient pu les écrire; mais le titre des Lettres les attribue chacune à un parent du Sauveur et ceci devait beaucoup les recommander.

C'est donc par extension hors du cercle de leurs premières destinations que les livres du Nouveau Testament ont été canonisés à la fois par les pasteurs et les fidèles réunis. L'extension a été rapide, et nous le savons par des faits d'histoire et non plus simplement par des probabilités. Aux environs de 140, saint Justin, dans son Dialogue avec le Juif Tryphone, connaît nos quatre Evangiles comme livres historiques, écrits par des apôtres et des disciples, et il ne les allègue pas comme livres inspirés dans sa dispute avec Tryphon, mais il en cite des passages. Saint Irénée connaît par leur nom nos quatre évangélistes comme auteurs inspirés.

On a voulu voir dans le Tryphon de saint Justin un évangile de Pierre et un évangile inspiré. Mais Irénée n'aurait pas pu dire que, de même qu'il n'y a que quatre points cardinaux, il n'y a que quatre Evangiles et qu'il ne peut pas y en avoir davantage. Quand l'évangile de Pierre serait cité par Justin, ce qui est douteux, il n'était pas cité contre Tryphon comme inspiré; puis, pour Irénée, le nombre des Evangiles canoniques aurait dépassé le nombre des points cardinaux. Donc la canonisation des Evangiles s'est faite par un *choix* auquel toute l'Eglise a travaillé, les pasteurs, et les fidèles aussi jusqu'à un certain point, et ce choix a merveilleusement réussi. Quant aux Epîtres de Paul, nous les avons vu appeler Ecritures aux débuts du IIe siècle, peut-être même avant les Evangiles.

B) Pourquoi n'y a-t-il eu d'écrits inspirés que durant un temps très court, de Moïse à la fin de l'âge apostolique ? Révélation et inspiration.

De tous les clans se rattachant, surtout par la religion, aux grands Patriarches Abraham, Isaac et Jacob, Moïse a fait un peuple monothéiste, qui s'est conservé tel et a grandi tel, grâce à la suite des hommes de Dieu, prophètes ou sages, et dont Moïse est le plus grand (*Deut.* XXXIV, 10). Il a pu écrire et de fait il a écrit, d'après Exode XXIV, le Livre de l'Alliance (*ibid.* XX, 22-XXIII, 11), dont il est dit (*Hebr.* IX, 19) : « Tout ce que la Loi commande ayant été lu », etc... Hummelauer, S. J. ne fait écrire à Moïse que la Loi des deux tables enfermées dans l'arche. Les morceaux jéhovistes et élohistes, peu distincts entre eux, se séparent très bien du Deutéronome et du Code sacerdotal. Or ces morceaux, par la régularité de la langue et la beauté des récits, ne sont pas d'une époque primitive. Il ne semble pas qu'on puisse les faire plus anciens que David ; c'est donc au xe siècle avant J. C. que commencerait la littérature inspirée, pour finir vers l'an 100 de notre ère. Mille ou onze cents ans, c'est peu pour la durée de l'humanité actuelle, et bien moins encore pour l'âge total de l'Humanité dont Dieu seul connaît les deux termes. Ces remarques faites, pour répondre à la question posée dans le présent titre il faudrait avoir assisté au conseil de la Trinité : on ne peut donc avoir ici que du probable, et c'est suffisant. Il fallait qu'Israël fût préparé, au moins dans une élite, à connaître le Christ quand il apparaîtrait sur la terre, à le recevoir et à l'annoncer aux nations : ce devait être une préparation morale, un changement profond de mentalité dans un peuple ; or cela exige du temps. Cela ne pouvait se réaliser, selon la marche ordinaire de la Providence, que par les enseignements et les exemples des hommes de Dieu, exemples et enseignements qui, comme nous l'avons vu, allaient se perfectionnant et se complétant à mesure qu'on avançait vers l'Evangile ; en même temps les promesses de bénédictions pour toute l'humanité, faites aux grands patriarches, se développaient et se précisaient dans la pensée des Prophètes et des Sages. Pour conserver entiers ces trésors de matière religieuse, il fallait l'écriture et encore faite avec un soin tel que, pour qui la comprend bien, la pensée transmise ne fût en rien altérée. Or, les Ecritures ou écrits inspirés ont comme qualité première, quand on en a une intelligence exacte, d'enseigner la vérité *religieuse* sans erreur, et ensuite de porter à la piété. Tous les livres pieux ont nécessairement cette seconde qualité, mais ils peuvent n'avoir pas toujours la première, qui est la *caractéristique* des Ecritures : il fallait donc que l'Ancien Testament fût inspiré. C'était nécessaire, à plus forte raison, pour le Nouveau Testament, qui contient la vérité religieuse définitive, c'est-à-dire paroles et actions du Sauveur, constitution essentielle de l'Eglise avec son premier fonctionnement, rien ne sera plus ajouté au dogme, ni aux préceptes ou conseils de la morale; on ne fera qu'approfondir et étendre par l'étude et la pratique. Quant à l'Eglise, elle est, par la simplicité de sa constitution, d'une solidité à toute épreuve et capable de s'adapter à tous les milieux, où elle ne progresse toutefois qu'à des degrés divers.

Ce qu'on vient de dire, à savoir que la Révélation officielle a cessé avec le Christ, nul ne pouvant ajouter aux oracles et aux dispositions du Maître, paraît contraire à ce que dit le Concile du Vatican (*Const. de fide* cap. 2, de Revelatione). Les traditions, dont l'ensemble forme la Tradition, une des sources pour nous de la Révélation, l'autre source étant l'Ecriture, ces traditions, disons-nous, auraient été reçues par les apôtres, d'après le Concile, soit de la bouche du Christ, soit par révélation du Saint-Esprit: dans ce dernier cas, il y aurait eu Révélation officielle même après que le Christ eut quitté la terre. Mais il ne faut pas prendre ici l'acte de révéler dans toute sa compréhension. Les traditions en effet, et par suite la Tradition, se conservent, non par les paroles, mais par des actes répétés, et ces actes ici sont le fonctionnement des églises. Or, les églises établies par les apôtres le furent sur le modèle de celle de Jérusalem, qui était l'église type et qu'on peut dire fondée par le Christ quand il laissa à Jérusalem, après son Ascension, un bon groupe de disciples fidèles avec un Corps de Pasteurs, les Douze, pour les gouverner (*Act.* I, 15 seqq.).

Terminons ce titre. La Révélation n'est pas l'Inspiration; elle la précède, quand elle est nécessaire à l'hagiographe. La Révélation officielle a commencé au moins avec Abraham, vers 1900 avant J. C., lorsque Iahvéh se fit connaître au Patriarche comme étant le seul Dieu véritable (cf. *Gen.* XII, 1 seqq). Cette Révélation alla s'enrichissant et se précisant avec les Prophètes et les Sages pour atteindre son point culminant avec le Christ, après lequel il ne semble pas qu'on puisse y ajouter quoi que ce soit. Nous pouvons faire commencer l'Inspiration officielle avec Moïse; rien n'indique qu'elle ait commencé plus tôt. Quand à ce qui est de la clore à la mort de saint Jean, le dernier des Douze, ainsi qu'on le faisait dans les manuels de théologie au siècle dernier, cela semblerait dire, contrairement aux faits, que seuls les Douze pouvaient être inspirés. D'après ce qui vient d'être dit dans ce long titre, il est permis de conclure que l'Ecriture était, sinon absolument, au moins moralement nécessaire pour la bonne conservation de la Vérité révélée. Remarquons toutefois que conserver et comprendre la Vérité sont choses tout à fait différentes.

C) Y a-t-il encore dans l'Eglise un équivalent de l'inspiration ? Motifs de croire et choses à croire. La mission de l'Eglise catholique.

Il n'y a plus d'Inspiration officielle dans l'Eglise, c'est-à-dire de nouvelle Ecriture venant augmenter la Bible, parce qu'il n'y a plus de nouvelle Révélation officielle à écrire qui viendrait accroître la première, close par le Christ. Cette première Révélation exclut toute autre, au moins pour notre humanité, car elle lui est suffisante, nous indiquant tout ce que nous avons à croire et à pratiquer pour atteindre la haute perfection à laquelle nous sommes appelés.

Mais l'intelligence des Ecritures n'est pas toujours facile. Il y a en elles des motifs de croire et des choses à croire, d'où découlent très souvent des règles de conduite. Les motifs de croire sont les prophéties messianiques, l'éducation providentielle d'Israël, et le beau contenu moral et religieux de la Bible. Dans les motifs de croire, l'Inspiration n'a rien à faire, l'Ecriture ne se présente que comme livre historique et religieux de grande valeur, et elle ne s'impose qu'à ce titre. Pour l'apprécier, il faut des connaissances assez étendues en histoire, en matière philosophique et en science morale ; ce dernier point suppose qu'on a, au moins en désir sincère, une bonne conduite morale. Le simple peuple tire ces connaissances de son éducation et de l'exemple de ses chefs.

Pour ce qui est des choses à croire, comme ce sont des mystères, très souvent avec conséquences pour la conduite, il est besoin d'une grande culture d'esprit et d'une vraie droiture de volonté.

Les grands, puissants ou savants, peuvent, s'ils ont une mauvaise conduite connue, entraîner les faibles et les lâches, mais dans ce cas ils ne peuvent guère les tromper par leurs dires contre la foi. Mais les hommes d'une vraie valeur morale ne sont pas eux-mêmes infaillibles, ni dans l'intelligence des Mystères, ni dans le tracé des règles de conduite pour leurs semblables, au moins dans les cas difficiles. Or, leur réputation de moralité donnerait du crédit à leurs erreurs involontaires et elle les répandrait même parmi les vrais fidèles peu instruits. Il y a aussi parmi les gens cultivés des esprits assez médiocres, mais orgueilleux, qui aiment à répandre l'erreur, ou pour se faire un nom, ou même par haine de la vérité religieuse. Contre ces erreurs possibles et qui ont trop souvent attaqué l'Eglise dans la croyance et la vie morale de ses fidèles, le Christ ressuscité a promis, ainsi que nous l'avons vu plus haut dans les quatre Evangiles, une assistance indéfectible jusqu'à la fin des temps au Corps des Pasteurs quand ils annonceraient la doctrine et la loi qu'il nous a enseignées, quand ils prêcheraient la pénitence et remettraient les péchés. Grâce à cette assistance du Christ, le Corps des Pasteurs (Collège apostolique agrandi et prolongé, mais toujours dirigé par Pierre qui vit dans ses successeurs) peut conserver intact le *dépôt* de la Révélation (*II. Tim.* I, 14) sans perte ni addition étrangère, en préciser les dogmes contre les hérétiques, mais non en eux-mêmes, car ce sont des données qui demeurent toujours mystères, et enfin tracer pour la conduite des âmes des règles ou lois qui varient avec les circonstances, mais sans jamais aller contre les données de la Révélation.

L'Eglise n'a donc plus ni révélation ni inspiration officielles, mais elle est bien munie pour conserver le précieux dépôt qui lui a été confié, pour le défendre, le bien comprendre et le faire fructifier. C'est ce que l'Eglise catholique a fait jusqu'ici, et qu'elle fait plus que jamais à son xxe siècle d'existence, toujours jeune, toujours féconde, continuant sur terre l'œuvre du Christ, toujours présent quoique invisible.

Gloire à Dieu. Paix et bonne volonté aux hommes (*Lc.* II, 14).

FIN

TABLE DES MATIÈRES

INSPIRATION DE LA BIBLE

INTRODUCTION

Tous les livres de la Bible sont inspirés.

I

Inspiration de l'Ancien Testament à texte hébreu.

II

Inspiration des parties de l'Ancien Testament que nous n'avons qu'en grec.

III

Inspiration des livres du Nouveau Testament.

IV

Remarques à propos de l'inspiration de la Bible.

V

Remarques à propos desquelles on ne peut donner que du probable.

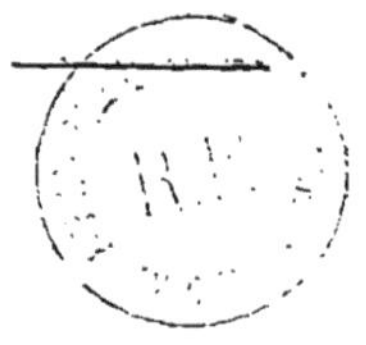

IMP. E. NEVEU ET Cie, PL. E. VIEILLE-MONNAIE, LYON

www.ingramcontent.com/pod-product-compliance
Ingram Content Group UK Ltd.
Pitfield, Milton Keynes, MK11 3LW, UK
UKHW020324220726
13923UKWH00003B/1352

9 782329 036618